Wohlfühl-
Wochenenden

JANE ALEXANDER

Wohlfühl-Wochenenden

Sonntagslaune für die Seele

GONDROM

Titel der englischen Originalausgabe: The Weekend Healer

Übersetzung: Elisabeth Liehl
Editorial: Pip Morgan
Designer: Sara Mathews
Photography: Craig Robertson, Gus Filgate, Paul Forrester
Production: Lyn Kirby
Direction: Joss Pearson, Patrick Nugent

Lektorat: Claudia Alt
Umschlaggestaltung: Katharina Schweißguth, München
Coverabbildung: FontShop, Berlin
Satz der deutschen Ausgabe: Reinhard Amann, Aichstetten

Wichtiger Hinweis:
Für die Anwendung und Qualität der Produkte, Verfahren, Kräuterzubereitungen und Öle, die in diesem Buch beschrieben sind, können die Autorin und der Verlag nicht haftbar gemacht werden. Beachten Sie grundsätzlich die Anweisungen der Hersteller und suchen Sie im Zweifelsfall sachkundigen Rat. Verwenden Sie keine Kräuterzubereitungen oder Öle, ohne vorher einen Fachmann konsultiert zu haben, wenn Sie schwanger sind, regelmäßig oder über einen längeren Zeitraum Medikamente einnehmen oder an einer Überempfindlichkeit der Haut leiden.
Eine Haftung des Verlages und seiner Beauftragten für Personen-, Sach- und Vermögensschäden ist ausgeschlossen.

ISBN 3-8112-2474-3

011

5 4 3 2 1

Für Jane Rayson –
eine liebe Freunding, die
ihre Wochenende feiert,
wie keine Zweite.

Danksagung der Autorin

Mein Dank geht zuallererst an Pip Morgan und Sara Mathews, die für dieses Projekt hart gearbeitet haben. In den letzten Jahren habe ich von sehr vielen Fachleuten Unterstützung erfahren. In aller Kürze möchte ich daher danken: Virginie Host, Fiona Arrigo, dem Team der Tyringham Naturopathick Clinic, Sue Weston, Angela Hope-Murray, Ian und Carole Heywood, Susan Lever, Sarah Denging, Richard Lanham, Jane Mayers, Sarah Shurety, Karen Kingston, Denise Linn, Ron Wilgosh, Sheila McCleod, Leo Rutherford, Nicki Skully, Shan und Kate Roddick.

In Liebe danke ich auch meiner Familie, die meine Wochenenden mit mir teilt und sie so einzigartig machen. Judy Chilcote, meine Agentin, umarme ich ganz herzlich. Ich würde gerne *mehr* Wochenenden mit ihr verbringen!

Danksagung des Verlags

Gaia Books und der Gondrom Verlag danken Lynn Bresler, Elizabeth Wiggans, den Models (Rosie Hill, Emily Heap, Raksha Patel, Daniel Del Rio), Sunil Vijayakar für die hauswirtschaftliche Seite, Thomas Hawks für seine Unterstützung beim Design und Will Heap für die fotografische Unterstützung.

Wie Sie dieses Buch nutzen können

Freitagnachmittag – Sie sehnen sich nach einem stressfreien, erholsamen, erfüllenden Wochenende. Und natürlich wissen Sie auch, wie Sie das bewerkstelligen können, oder etwa nicht?

Das vorliegende Buch soll Ihnen zeigen, wie Sie mit Sicherheit ein schönes Wochenende erleben. In 17 Kurzprogrammen lernen Sie, wie Sie die freien Tage zu Hause mal so richtig auskosten können, indem Sie auf die positiven Effekte natürlicher Hilfsmittel und Techniken setzen.

Vielleicht spricht ein bestimmtes Wochenendprogramm Sie auf Anhieb an: gut so! Vielleicht möchten Sie aber auch einfach ein wenig im Buch herumblättern, bis eine vertraute Saite in Ihnen angeschlagen wird und Sie wissen: Genau das brauche ich jetzt! Wenn Sie die Auswahl Ihrem Unbewussten überlassen wollen, setzen Sie sich ruhig hin und blättern Sie die Seiten durch, bis eine innere Stimme Ihnen sagt: Stopp! Sehen Sie nach, in welchem Programm Sie gelandet sind und setzen Sie es dann in die Tat um. Oder überlegen Sie sich eine Seitenzahl und sehen, wohin dieses Verfahren Sie führt.

Haben Sie sich erst einmal für ein Wochenende entschieden, treffen Sie Ihre Vorbereitungen. Am Anfang jedes Programms finden Sie eine Liste von Dingen, die Sie brauchen, doch sollten Sie auf jeden Fall zuerst die ganze Wochenendplanung durchlesen und sich Gedanken machen, wie Sie Ihre persönlichen Bedürfnisse darin unterbringen können. Auf den Seiten 154–157 finden Sie nützliche Hinweise und Buchtipps, die Ihnen weiterhelfen. Und wenn Sie eine Massage, eine Stunde im Fitness-Studio oder eine Aromatherapiesitzung in Ihr Wochenende einbauen wollen, vergessen Sie nicht, sich rechtzeitig einen Termin geben zu lassen.

Auf jeden Fall sollten Ihre Hilfsmittel alle zur Hand sein, sobald das Wochenende beginnt. Und nicht nur das! Sorgen Sie auch für ausreichend Nahrungsmittel und Getränke.

Ich hoffe, dass Sie die Wochenendprogramme inspirierend finden. Mögen sie Ihnen neue Einsichten und Wege zeigen, eine neue Perspektive auf Sie selbst, Ihre Bekannten und Ihre Umwelt eröffnen. Vor allem aber hoffe ich, dass Sie viel Spaß haben werden.

Fröhliches Wochenende!

Inhalt

DRITTER TEIL

VIERTER TEIL

Einführung

Wochenenden sind etwas ganz Besonderes. Sie sind Oasen der Ruhe in einer hektischen Welt. Sie befreien uns von der Routine des Alltags. Wir können tun, was uns Spaß macht, und sein, wer wir wollen. Zumindest sollten wir unsere Wochenenden auf diese Weise nutzen. Leider verschwenden wir sie nur allzu häufig, indem wir den täglichen Trott fortführen, endlos einkaufen gehen oder uns faul vor dem Fernseher lümmeln und Videos glotzen. Tappen nicht auch Sie in diese Falle!

Ein Wochenende schenkt uns genau die richtige Dosis an Zeit zur Erholung: Bereits ein Abend und zwei ganze Tage reichen aus, um entscheidende Veränderungen zu bewirken, etwas völlig Neues anzufangen oder unser ganzes Leben auf eine andere Grundlage zu stellen.

WIE SIE IHR WOCHENENDE AUSWÄHLEN

Dieses Buch bietet Ihnen 17 verschiedene Kurzprogramme an, und ich hoffe, auch für Sie ist etwas dabei. Jedes Wochenendprogramm erstreckt sich über den Freitagabend, den Samstag und den ganzen Sonntag. So haben Sie einen gewissen Zeitrahmen, innerhalb dessen Sie arbeiten können.

Wollen Sie beispielsweise Ihrem Körper mehr Aufmerksamkeit gönnen, dann empfiehlt sich das Kurzprogramm »Körperbewusstsein« oder »Frei von Giften«. Mangelt es Ihnen an Energie, machen Sie dies zum Thema Ihres Mini-Workshops. Wollen Sie sich verwöhnen, eignet sich das Wochenende »Strahlende Schönheit« am besten. Und möchten Sie am liebsten Ihre inneren Kräfte wieder ins Gleichgewicht bringen, dann ist Ayurveda für Sie das Richtige.

Braucht vor allem Ihre Seele neue Nahrung, werden Sie im zweiten Teil des Buches fündig werden. Dort lernen Sie, wie Sie Kontakt mit Ihrem Unbewussten aufnehmen, wie Sie Ihrem Leben eine neue Richtung geben oder sich aus dem Alltagstrott befreien. Alle Menschen, die in Beziehungen leben, sollten diesem Thema ab und an ein Wochenende widmen, vielleicht sogar regelmäßig eine »Beziehungskur« machen.

Das Wohlbefinden von Geist und Seele kommt in unserem geschäftigen Leben meist zu kurz. Im dritten Teil finden Sie mehrere Kurzprogramme mit Techniken, die dies ausgleichen: Dazu gehören Meditationen, Gebete, Rituale und das bewusste Anfertigen eines Altars. Und wenn Sie schon immer wissen wollten, was es mit Schamanismus, Tarot oder der Kabbala auf sich hat, dann können Sie auch einmal in diese Welt hineinschnuppern. Die entsprechenden Wochenenden machen Sie mit den wesentlichen Punkten bekannt.

Im letzten Teil des Buches geht es um Willkommensrituale für Frühling, Sommer, Herbst und Winter. Unsere Vorfahren feierten eine ganze Reihe von Anlässen, die fest im Jahreslauf verankert waren. Sie finden vier Wochenenden, die Ihnen wieder zu einer bewussten Wahrnehmung der Jahreszeiten verhelfen. So können Sie sich mit Körper, Geist und Seele auf die unterschiedlichen Energien einstimmen, die das Jahr begleiten, und Ihr Leben mit den Leitmotiven der jahreszeitlichen Veränderungen harmonisieren.

Im Schlussteil des Buches finden Sie zwei essenzielle Übungen aus dem Yoga, den Sonnengruß für den Morgen und den Mondgruß für den Abend. Diese beiden Übungen sind Teil gleich mehrerer Kurzprogramme und können gut zum täglichen Ritual gemacht werden.

WIE SIE DIE WOCHENENDPROGRAMME AM BESTEN UMSETZEN

Bevor Sie sich nun auf die Reise begeben, sollten Sie verschiedene Punkte klären, damit Ihr Wochenende auch wirklich ein voller Erfolg wird. Stellen Sie sicher, dass Ihre Familie und Ihre Freunde wissen, was Sie vorhaben. Machen Sie vor allem klar, dass Sie kaum in der Lage sein werden, Ihren üblichen Verpflichtungen nachzukommen.

Wenn Sie mit anderen Menschen zusammenwohnen, bitten Sie sie, Ihnen zu helfen: indem sie Ihnen die Ruhe zugestehen, die Sie brauchen; indem sie ihr Zeug selbst wegräumen, damit nicht Sie es tun müssen; indem sie für Sie ans Telefon gehen und Anrufbeantworter spielen; indem sie Ihnen das Badezimmer für das abendliche Baderitual überlassen – oder was auch immer.

Leben Sie allein oder haben Sie dafür gesorgt, dass Sie es für dieses Wochenende sind, dann hinterlassen Sie eine Nachricht auf Ihrem Anrufbeantworter bzw. an der Eingangstür: Sie sind jetzt nicht zu erreichen und rufen gern zurück.

RUHE UND FRIEDEN

Nicht alle Mini-Workshops in diesem Buch verlangen absolute Einsamkeit – einige eignen sich ganz gut für Gesellschaft. Andere hingegen, vor allem die Wochenenden zur Erholung des Geistes, sollten an einem ruhigen Ort ausgeführt werden.

Während einer schamanischen Reise oder einer kabbalistischen Übung sollte es wirklich keinerlei Unterbrechung geben. Machen Sie also jedem Menschen in Ihrer Umgebung klar, dass Sie bei dieser Übung KEINESFALLS gestört werden wollen. Plötzlich aus einer schamanischen Reise gerissen zu werden, kann sich negativ auf die Psyche auswirken und sich in schrecklichen Kopfschmerzen oder allgemeinem Unwohlsein niederschlagen.

Falls Sie wirklich einmal aus einer solchen Übung herausgerissen werden, MÜSSEN Sie sich fünf Minuten Zeit nehmen, um sich zu sammeln. Setzen Sie sich hin und atmen Sie ruhig durch. Entschuldigen Sie sich bei den Wesen Ihrer Innenwelten, mit denen Sie Kontakt hatten, und durchlaufen Sie kurz die abschließenden Schritte des Rituals, die Sie zurückbringen sollen. Stampfen Sie mit den Füßen auf, das erdet!

SEIEN SIE FLEXIBEL

Die Tipps für die einzelnen Wochenenden sind lediglich als Vorschläge gedacht. Sie müssen sie nicht sklavisch befolgen, als wären sie vom Arzt verordnet. Folgen Sie Ihrer Intuition und bleiben Sie flexibel.

Haben Sie nicht die geringste Lust auf Malen, aber im Kurzprogramm heißt es: »Holen Sie Ihre Farben hervor und verleihen Sie Ihren Gefühlen Ausdruck«, dann haben Sie zwei Möglichkeiten: Entweder setzen Sie sich mit Ihrer Abneigung auseinander und entdecken, was dahintersteckt. Oder Sie verwenden eine Übung aus einem anderen Wochenendprogramm. (In diesem Fall zum Beispiel: Musik, Tanz oder Dialog mit sich selbst.)

Es kann auch vorkommen, dass zu einem Wochenende ein rituelles Bad mit einer bestimmten Duftnote gehört, Sie aber nur eine Dusche haben. Dann versuchen Sie, sich den Umständen anzupassen. Sie könnten beispielsweise ein wenig Duftessenz auf ein Musselintuch träufeln und es um den Duschkopf wickeln.

Die Anweisungen für die Körperübungen umfassen meist mehrere Schritte und muten etwas kompliziert an, vor allem, weil man immer so schlecht gleichzeitig lesen und üben kann. Einfacher wird es, wenn Sie die Anweisungen auf Kassette aufnehmen und dann nach dem Band üben. Denken Sie daran, entsprechende Pausen für die Ausführung der Übung zu lassen.

ACHTUNG!
Die Übungen in diesem Buch sind ganz sicher nicht gefährlich. Ich habe sie alle selbst ausprobiert, meist sogar regelmäßig geübt. Doch sie setzen Energie frei und dies manchmal auf einem sehr hohen Niveau, sowohl körperlich als auch seelisch.

Wenn Sie also gesundheitliche Probleme haben, egal welcher Art, dann möchte ich Ihnen dringend ans Herz legen, zuerst mit Ihrem Arzt zu sprechen, bevor Sie beginnen zu üben. Dann können Sie sich auch besser entspannen und müssen sich nicht immer fragen, ob das Kurzprogramm Ihnen etwa schaden könnte.

UNVERHOFFT KOMMT OFT

Natürlich wirkt jedes Wochenende, sogar die rein körperorientierten Programme, auch auf die Seele. Wundern Sie sich also nicht, wenn einige Übungen unerwartet alte Erinnerungen aufrühren, die Sie verwirren oder die Sie gar unangenehm finden.

Ich glaube, dass – zumindest in der Mehrzahl der Fälle – nur die Dinge ans Licht des Bewusstseins geholt werden, mit denen wir auch fertig werden können. Wenn das Unbehagen aber überhand nimmt, unterbrechen Sie die Übung bitte. Setzen Sie sich hin und atmen Sie tief durch, bevor Sie weitermachen.

Werden die freigesetzten Gefühle zu heftig, dann beenden Sie die Übung ganz. Machen Sie sich eine schöne Tasse Tee und tun Sie etwas ganz Alltägliches wie Fernsehen oder Radiohören.

Wenn sich der emotionale Aufruhr wieder gelegt hat, sprechen Sie mit einem guten Freund über Ihre Erfahrung. Vielleicht können Sie auch einen qualifizierten Therapeuten zu Rate ziehen. Ich persönlich glaube, dass unangenehme Gefühle oder Erinnerungen an unsere Tür klopfen, weil sie um unsere Aufmerksamkeit bitten wollen. Ist eine Emotion aber sehr schmerzhaft, dann sollten Sie auf jeden Fall professionelle Hilfe suchen.

WICHTIG:
Ob Sie die Übungen in diesem Buch machen wollen oder nicht, liegt ganz bei Ihnen. Bitte beachten Sie die Hinweise in den Anleitungen und befragen Sie Ihren Arzt, wenn Sie nicht sicher sind, ob sie Ihrer Gesundheit gut tun. Weder Verlag noch Autoren haften für Schäden, die aus Gebrauch oder Missbrauch des Dargestellten resultieren.

Erster Teil Ein Wochenende für den Körper

Wie viel Zeit widmen Sie Ihrem Körper unter der Woche? Auch wenn wir die besten Vorsätze hegen, ist es ziemlich schwierig, dem Körper die ihm gebührende Aufmerksamkeit zu schenken, wenn uns Arbeit, Familie und Alltagstrott auf Trab halten. Meist essen wir zu schnell und häufig auch das Falsche. Wir sitzen den ganzen Tag krumm am Computer oder malträtieren unseren Körper mit langen Autofahrten. Gewöhnlich haben wir nicht mal genügend Zeit, an Sport oder Körperübungen auch nur zu denken.

Das Wochenende bietet sich daher förmlich an, um sich wieder um den Körper zu kümmern. Werfen Sie alte Gewohnheiten ab, probieren Sie eine neue Ernährung und neue Bewegungen aus! Verwöhnen und schmücken Sie Ihre leibliche Hülle. Die Kurzprogramme in diesem Teil sollen Ihnen helfen, sich in Ihrem Körper wieder wohl zu fühlen. Haben Sie den Kontakt zu Ihrem »fleischlichen Selbst« verloren, dann versuchen Sie es mit dem Workshop zum Körperbewusstsein. Das ist ein toller Anfang. Andere Programme können folgen. Denn wenn Sie sich Ihres Körpers nicht bewusst sind, werden Sie auch nicht weit ins Reich der Seele und des Geistes vordringen.

Andere Workshops in diesem Teil lassen uns die Zusammenhänge zwischen Körper und Geist tiefer erkunden. Sie dienen sozusagen als Weckruf für die Seele: Entgiften, Energiearbeit oder den Körper beim Schönheits-Wochenende verwöhnen. Das letzte Wochenende gibt Ihnen einen Vorgeschmack auf eine uralte indische Tradition: Ayurveda – ein fantastisches System zur Steigerung von Gesundheit und Wohlbefinden.

Sie werden feststellen, dass diese Wochenenden im Lauf der Zeit ganz von selbst Teil Ihres Alltags werden und ihn allmählich prägen. So führen bereits kleine Veränderungen im Lebensstil häufig zu unglaublichen Ergebnissen. Wir fühlen uns besser und sehen auch viel besser aus.

FÜR DEN KÖRPER

Körper-bewusstsein

Welche Beziehung haben Sie zu Ihrem Körper? Sind Sie beide gute Freunde? Oder eher gleichgültige Bekannte? Vielleicht gar erbitterte Feinde? Nur wenige von uns stehen in wirklich enger Beziehung zu ihrem Körper. Die Folgen sind deutlich spürbar: bohrende Kopfschmerzen, chronische Krankheiten. Dieses Wochenende wird Ihnen helfen, eine neue Beziehung zu Ihrem Körper herzustellen und Ihnen so den Weg zu mehr Gesundheit zu zeigen.

DAS WIRD GEBRAUCHT:

- *gesunde Nahrungsmittel (siehe Seite 17)*
- *6 Liter Mineralwasser*
- *ätherische Öle: Zitrone, Rosengeranie, Lavendel und Römische Kamille*
- *Mandelöl*
- *Bachblüten: Walnuss (Walnut)*
- *Papier, Malkreiden oder Farben*

Freitagabend SPRECHEN SIE MIT IHREM KÖRPER

Wir fragen unseren Körper nur selten, was er will oder braucht. An diesem Abend sowie am Samstag- bzw. Sonntagmorgen sollten Sie sich ruhig hinsetzen und Ihrem Körper lauschen. Fragen Sie:

✦ Was brauchst du jetzt? Etwas zu trinken, zu essen (wenn ja, was), Dehnübungen, Gymnastik, Ruhe, Schlaf?

✦ Was würdest du jetzt gerne tun?

✦ Würdest du gerne allgemein etwas verändern: eine andere Ernährung, mehr, weniger oder eine andere Form von Bewegung, weniger Stress, mehr Ruhe?

Folgen Sie den Wünschen Ihres Körpers voller Aufmerksamkeit. Überlegen Sie, wie Sie Ihre Körperbedürfnisse in Ihren Lebensstil einfließen lassen können. Wenn dies schwierig erscheint, lassen Sie Ihren Körper auf die Einwände antworten. Was würde er sagen, wenn er Sie hören könnte? Spielen Sie mit dem Gedanken.

DUSCHRITUAL

Beginnen Sie den Abend mit einem erfrischenden Duschritual:

1. Geben Sie ein paar Tropfen Zitronenöl auf einen Waschlappen oder einen Luffahandschuh. Das erfrischt und fördert die Selbsterkenntnis.

2. Waschen Sie sich dann und lenken Sie Ihre Aufmerksamkeit ganz gezielt in den Teil des Körpers, den Sie gerade berühren. Sagen Sie sich dabei, dass Sie sich dieses Wochenende Ihrem Körper widmen wollen.

WIE GEHT ES IHNEN BEIM ESSEN?

Essen Sie zu Abend wie immer, aber dieses Mal tun Sie alles bewusst.

✦ Wie schmeckt Ihre Mahlzeit? Wie fühlt sie sich im Mund an?
✦ Wie fühlen Sie sich beim Essen?
✦ Wie fühlen Sie sich unmittelbar danach? Und zehn Minuten später?
✦ Entwickeln Sie ein Gespür dafür, wie Ihr Körper auf das reagiert, was Sie ihm geben. Schätzt er Ihre Ernährung? Schenkt sie Ihnen das richtige Mittel zwischen Energie und Ruhe? Schlafen Sie gut nach dem Essen?

GESUND ESSEN

Bevorzugen Sie, wenn möglich, solche Nahrungsmittel, die biologisch-organisch erzeugt wurden, aus Ihrer Gegend stammen und der Jahreszeit entsprechen. Diese bieten Ihrem Körper ein Maximum an positiver Energie.

✦ *Frisches Obst und Gemüse: fünf Portionen pro Tag.*
✦ *Komplexe Kohlenhydrate aus Vollkorn: ganze Körner, Pasta, Brot; zusätzlich Kartoffeln.*
✦ *Proteine: Hülsenfrüchte, Nüsse, mageres, weißes Fleisch, Fisch (vor allem die ölhaltigen Sorten), Sojabohnenprodukte.*
✦ *Schmecken Sie Ihre Mahlzeiten mit Kräutern und Gewürzen ab.*
✦ *2 Liter frisches Mineralwasser täglich.*
✦ *Davon lieber weniger: Alkohol, Koffein, Salz, Zucker, künstliche Süßstoffe; Fast Food und Fertiggerichte; Geräuchertes und Frittiertes, Wurst, rotes Fleisch sowie vollfette Milchprodukte.*

Samstag KOMMEN SIE IHREM KÖRPER NÄHER

Nehmen Sie sich nach dem Aufwachen mindestens 20 Minuten Zeit für die folgende Übung. Sie fördert die bewusste Körperwahrnehmung. Schließen Sie die Übung mit leichter Gymnastik ab.

1. Legen Sie sich mit dem Rücken auf den Boden. Tragen Sie dabei gar keine oder nur lockere Kleidung.

2. Werden Sie sich nun Ihres Körpers bewusst. Spüren Sie den Boden unter sich? Wo liegt Ihr Körper auf? Wo nicht?

3. Richten Sie Ihre Aufmerksamkeit nun auf die Füße. Wie fühlen Ihre Zehen sich an? Ihre Fersen? Sind Ihre Füße warm oder kalt? Leicht oder schwer? Gibt es einen Unterschied zwischen dem rechten und dem linken Fuß?

4. Stellen Sie sich nun die gleichen Fragen im Hinblick auf Knöchel, Waden, Schenkel und Hüften. Gehen Sie weiter zu den Pobacken, dem Unterbauch, der Bauchdecke, der Brust und den Schultern.

5. Konzentrieren Sie sich jetzt auf Ihren Rücken. Wie fühlt sich Ihre Wirbelsäule an? Und Ihr Hals? Lassen Sie Ihre Aufmerksamkeit die Arme hinunterwandern bis in die Handgelenke und Hände.

6. Nun wenden Sie sich dem Gesicht zu. Spüren Sie Spannungen im Kiefer? Gibt es einen Unterschied zwischen den beiden Gesichtshälften? Zwischen dem rechten und dem linken Auge? Den Ohren? Wie fühlt sich Ihr Haar an?

MORGENAFFIRMATION

Nehmen Sie drei Tropfen Bachblüten Walnuss (Walnut) in einem Glas Mineralwasser. Dieses Mittel hilft Ihnen, Veränderungen vorzunehmen und mit ihren alten, ungesunden und wenig hilfreichen Gewohnheiten zu brechen. Dann sagen Sie sich vor, dass Sie an diesem Wochenende Ihrem Körper lauschen wollen. Sie wollen seine Bedürfnisse kennen lernen und liebevoller mit ihm umgehen.

BERÜHRUNGSAFFIRMATION
Leiden Sie unter Berührungsarmut? Wird Ihr Körper einfach nicht genügend gestreichelt, gehalten, massiert und berührt? Lassen Sie sich doch einen Termin zur Körperarbeit geben: Traditionelle Thai-Massage, Aroma-Massage, Shiatsu oder die chinesische Tui-Na-Massage. Allerdings brechen dabei mitunter alte Verletzungen wieder auf.

DIE KUNST DES RICHTIGEN ATMENS

Richtiges Atmen bringt Sie mit Ihrem Körper in Kontakt und ist unverzichtbar für das Wohlbefinden.

1. Legen Sie sich bequem auf den Boden und winkeln Sie die gespreizten Beine soweit wie möglich an. Die Fußsohlen berühren sich dabei parallel, die Hände liegen locker auf der Bauchdecke, so dass die Fingerspitzen sich berühren. (Ist diese Position unbequem, legen Sie Kissen unter beide Knie.) Diese Haltung dehnt den Unterbauch und fördert so den Atmungsprozess.

2. Atmen Sie langsam und gleichmäßig durch die Nase ein. Spüren Sie, wie Ihr Bauch sich ausdehnt und zusammenzieht.

3. Atmen Sie langsam und gleichmäßig durch die Nase aus. Wenn Ihr Bauch flacher wird, berühren sich Ihre Fingerspitzen wieder.

4. Warten Sie ein oder zwei Sekunden. Wiederholen Sie den Zyklus von Ein- und Ausatmung, wobei Sie mit Ihrer Aufmerksamkeit der Wellenbewegung in Brust und Bauch folgen. Atmen Sie etwa fünf Minuten lang in Ihrem eigenen Rhythmus.

5. Wenn Sie sich dabei wohl fühlen, können Sie den Atem das nächste Mal aus dem Bauch holen. Spüren Sie, wie er in die Brust hinaufsteigt. So werden die Atemzüge länger und tiefer.

6. Am Ende legen Sie die Knie zusammen und strecken die Beine aus. Entspannen Sie sich ein paar Minuten.

BAD UND MASSAGE

Beenden Sie Ihren Tag mit einem langen, luxuriösen Bad. (Geben Sie je zwei Tropfen Lavendelessenz und Römische Kamille hinein, das fördert Entspannung und Annehmen-Können.) Danach massieren Sie sich mit einem Öl aus 20 ml Mandelöl, das mit je vier Tropfen der beiden Essenzen aromatisiert wurde. Achten Sie auf jeden Teil Ihres Körpers, besonders auf Verspannungen. Die Technik ist nicht wichtig. Es zählt nur der Wunsch, den Körper zu berühren und ihn kennen zu lernen.

Sonntag TIEFER GEHEN

Je bewusster Sie Ihren Körper wahrnehmen, desto deutlicher sollten Sie ihm sagen, wie befriedigend Sie dies finden. Das bedeutet nicht, dass Sie Zweifel und Probleme unterdrücken sollen. Setzen Sie sich in Ruhe damit auseinander, indem Sie Gedanken und Einwände aufschreiben.

LASSEN SIE IHREN KÖRPER ENTSCHEIDEN

Wiederholen Sie die Bewusstseinsübung vom Vortag und fragen Sie Ihren Körper, was er heute tun möchte. Vielleicht möchte er ja:

✦ spazieren gehen: Machen Sie keinen Gewaltmarsch daraus. Achten Sie darauf, wie Sie gehen, was Sie sehen, hören, fühlen.

✦ unter einem Baum sitzen: meditieren, lesen, trödeln, träumen.

✦ Bewegung: Rad fahren, schwimmen, eine Sitzung im Fitness-Studio oder einen Aerobic-Kurs.

✦ eine Massage: Machen Sie nicht die gleiche wie gestern. Vielleicht können Sie mit einem Freund eine Massage austauschen.

✦ Sport: Was haben Sie als Kind gerne getan? Suchen Sie sich einen Verein oder ein paar Gleichgesinnte. Oder wagen Sie ein Spiel mit Ihren Kindern.

✦ mit dem Geist in Einklang leben: Probieren Sie es mit Yoga, Tai Chi, Pilates-Training oder Qigong.

✦ etwas anderes zu essen: Versuchen Sie es mal mit vegetarischer oder fettarmer Küche. Oder mit Makrobiotik. Ein Kurs in gesundem Kochen wäre doch wunderbar. Oder ein neues Kochbuch aus einer Richtung, die Sie noch nicht kennen.

✦ eine Behandlung mit alternativen Heilmethoden: Möchte Ihr Körper vielleicht Homöopathie, Akupunktur, Heilkräuter, Trennkost, Ayurveda oder Reflexzonentherapie ausprobieren?

AUF DEN KÖRPER HÖREN

An diesem Nachmittag werden Sie Ihren Körper mit Hilfe von Kunst und Bewegung erkunden. Sorgen Sie dafür, dass niemand Sie stört. Und haben Sie keine Angst, Ihren Impulsen nachzugeben – hier geht es nicht um »richtiges Zeichnen« oder »schöne Bewegungen«.

1. Ziehen Sie Schuhe und Strümpfe aus und gehen Sie durch den Raum. Wie füllt Ihr Körper den Raum? Wie nehmen Sie den Boden wahr? Wollen Ihre Arme sich ausbreiten?

2. Halten Sie einen Moment inne. Stehen Sie bewusst auf beiden Füßen. Entspannen Sie den Körper ins Becken hinein. Ihr Becken ist eine Schale, die den Körper stützt. Lassen Sie Ihre Aufmerksamkeit hinunterwandern. Wie möchte Ihr Körper sich bewegen?

3. Hören Sie auf Ihren Körper. Vielleicht will er durch den Raum schnellen oder sich sanft wiegen oder sich zu einer Kugel zusammenrollen.

4. Wenn die Bewegungen enden, ist dies vielleicht nur eine Pause. Achten Sie darauf, was kommt. Warten Sie ab, was Ihr Körper Ihnen sagt.

5. Wenn Ihr Körper alles ausgedrückt hat, was er sagen möchte, greifen Sie zu Farben und Kreiden, um die Botschaft Ihres Körpers buchstäblich aufzuzeichnen. Sie müssen nichts darstellen. Das Bild kann auch nur aus Farbflecken bestehen.

6. Treten Sie dann einen Schritt zurück, um Ihr Bild zu betrachten. Schreiben Sie auf, welche Gedanken Sie bewegen.

FÜR DEN KÖRPER

Frei von Giften

Manchmal wissen wir einfach, dass wir den Bogen überspannt haben. Unser Geist ist träge, der Körper schlapp und Energie ein knappes Gut. Dann wird es Zeit zum Entgiften. Dieses Wochenende befreit den Körper sanft und sicher von seinen Schlacken, so dass wir verjüngt daraus hervorgehen.

ACHTUNG: Keine Entgiftungswochenenden, wenn Sie schwanger sind, stillen, einen Infekt bzw. eine Erkältung haben oder Ihre Menstruation. Haben Sie gesundheitliche Probleme, sprechen Sie bitte vorher mit Ihrem Arzt.

DAS WIRD GEBRAUCHT:

- *Salate, Obst und Gemüse der Saison*
- *Kräutertee: Thymian, Ingwer, Pfefferminze*
- *6 Liter Mineralwasser*
- *6 Zitronen*
- *ätherische Öle: Rosmarin sowie Kamille, Zirbelkiefer oder Wacholder*
- *Epsom-Salz (oder ein Mineralsalzbad)*
- *eine hölzerne Massagebürste mit Naturborsten und langem Stiel*
- *Kerzen, inspirierende Bücher, Musik*

Freitagabend EINSTIMMUNG

Essen Sie den ganzen Tag eher leicht, um sich auf das Wochenende vorzubereiten. Tee, Kaffee, schwere, eiweißreiche Nahrung und Fett lassen Sie besser weg. Trinken Sie mindestens 2 Liter ungekühltes Mineralwasser. Abends gibt es dann einen Salat (mit wenig Olivenöl, Knoblauch, Zitronensaft oder Apfelessig). Von nun an sollten Sie nur noch frisches Wasser (warm oder Zimmertemperatur), Kräuter- oder Ingwertee trinken.

BÜRSTENMASSAGE

Bevor Sie schlafen gehen, bürsten Sie sich gründlich. Die Haut sollte trocken sein, also vor dem Bad bzw. der Dusche bürsten. Eine Bürstenmassage stimuliert das Lymphsystem und regt so die Ausscheidung von Giftstoffen an.

✦ Bürsten Sie zuerst die Füße mit Zehen und Sohle, dann die Vorder- und Rückseite der Beine mit langen Strichen. Bürsten Sie immer aufwärts, zur Leistengegend hin.

✦ Ebenfalls aufwärts bürsten Sie Pobacken und den unteren Rücken, so gut es geht.

✦ Hände und Arme bürsten Sie in Richtung Achselhöhle.

✦ Schultern und Brustkorb bürsten Sie in Richtung Herz. (Sparen Sie dabei die Brustwarzen aus.)

✦ Mit abwärts gerichteten Strichen bürsten Sie Hals und Nacken.

✦ Bauch und Magen hingegen behandeln Sie mit einer kreisförmigen Bewegung im Uhrzeigersinn.

Zum Abschluss nehmen Sie ein Bad, dem Sie zwei Tropfen ätherisches Rosmarinöl zugesetzt haben. Lassen Sie ca. eine halbe Stunde lang wenig kaltes Wasser in die Wanne laufen, bis das Bad schon relativ kalt ist. Auch das stimuliert das Lymphsystem.

NEBENEFFEKTE DER ENTGIFTUNG

Folgende Symptome zeigen, dass Ihr Körper sich von Schlacken befreit (Fühlen Sie sich dadurch beunruhigt, sollten Sie Ihren Arzt aufsuchen.):

- ✦ *Kopfschmerzen*
- ✦ *mehr und unangenehm riechender Schweiß*
- ✦ *Müdigkeit*
- ✦ *ungewohnte Emotionen*
- ✦ *ein trockener Mund*
- ✦ *fleckige, picklige oder gerötete Haut*
- ✦ *Verstopfung*

Samstag TIEFENREINIGUNG

Heute sollten Sie eine strikte Diät befolgen, bei der Sie ausschließlich Äpfel, Trauben oder Karotten zu sich nehmen – in natürlicher Form oder als Saft. Essen Sie davon kleine Mengen über den ganzen Tag verteilt. Kauen Sie gründlich und trinken Sie auch den Saft langsam, schmecken Sie jeden Schluck bewusst.

Beginnen Sie Ihren Tag mit einer Tasse voll heißem Wasser und einem Spritzer frischen Zitronensaft. Gehen Sie an die frische Luft, machen Sie einen Spaziergang und nehmen Sie die Umwelt mit allen Sinnen auf.

ATMEN ZUR ENTGIFTUNG

Diese kraftvolle Atemübung hilft Ihnen, Ihren Körper von Giftstoffen zu befreien und hält Sie dabei frisch und lebendig. ACHTUNG: Machen Sie diese Übung nicht, wenn Sie unter Herzproblemen, einem hohen Blutdruck, einem Bruch oder Epilepsie leiden bzw. Schwierigkeiten mit Augen, Nase oder Ohren haben.

1. Atmen Sie tief und langsam ein, ohne zu übertreiben.
2. Atmen Sie kurz und heftig aus, als ob Sie niesen würden. Achten Sie dabei auf Ihre Bauchdecke, die sich beim Ausatmen anspannt.
3. Atmen Sie nochmals langsam ein und schnell aus.
4. Fahren Sie damit fort, so lange Sie sich wohl fühlen. Diese Übung ist sehr energiegeladen, so dass Sie sie anfangs vielleicht nicht länger als eine Minute durchhalten. Machen Sie sie an diesem Wochenende regelmäßig, um festzustellen, wie dieser Zeitraum sich verlängert.
5. Am Ende kehren Sie zu Ihrer normalen Atmung zurück. Wie fühlen Sie sich?

Lassen Sie dieser Übung nach Möglichkeit ein türkisches Dampfbad folgen. Oder gehen Sie schwimmen. Schön ist auch ein wenig Körperarbeit und eine Massage: Lymphdrainagen unterstützen den Entgiftungsvorgang. Aber auch andere Massagen werden Ihnen gut tun. (Wenn Sie einen Aromatherapeuten haben, fragen Sie nach entgiftenden Essenzen.)

EPSOM-SALZ-BAD

Gehen Sie heute möglichst früh zu Bett. Vorher aber machen Sie noch eine weitere Bürstenmassage und gönnen sich danach ein Bad mit Epsom-Salz. Solche Bäder regen uns zum Schwitzen an, so dass wir die nun gelösten Toxine ausscheiden.

ACHTUNG: Wenn Sie Diabetiker sind, Herzprobleme haben oder sich schwach und müde fühlen, lassen Sie das Mineralbad weg und ersetzen es durch ein Moorbad.

1. Lösen Sie etwa 450 g Epsom-Salz in einem warmen Bad auf, das nicht zu heiß werden darf.

2. Entspannen Sie sich etwa 20 Minuten lang im Bad. Stellen Sie sich vor, wie die Giftstoffe durch die Poren Ihrer Haut austreten und sich im Wasser auflösen. Trinken Sie heißen Kräutertee (Thymian oder Pfefferminze), um den Prozess anzuregen und gleichzeitig die ausgeschiedene Körperflüssigkeit zu ersetzen.

3. Steigen Sie vorsichtig aus dem Bad, da Ihnen unter Umständen ein wenig schwindlig werden könnte. Trocknen Sie Ihren Körper nicht ab. Wickeln Sie sich einfach nur in große, warme Badetücher und gehen Sie zu Bett. Decken Sie sich gut zu. Vermutlich schlafen Sie sofort ein.

ENTSCHLACKEN SIE IHR LEBEN

Schreiben Sie auf, wie Sie Ihr Leben von Altlasten befreien können. Gibt es irgendwo Dinge oder Menschen, die nicht passen? Ihre Arbeit vielleicht? Der Ort, an dem Sie leben? Ihre Wohnung? Welche Veränderungen würden Sie von dieser Last befreien?

Sonntag ALLES KLAR!

Waschen Sie sich am Morgen den Nachtschweiß vom Körper. Rubbeln Sie sich dann ordentlich trocken, bis die Haut kribbelt. Trinken Sie eine Tasse heißes Wasser mit einem Spritzer frisch gepresstem Zitronensaft. Essen Sie einen frischen Obstsalat (siehe Seite 153), im Winter ersatzweise in wenig Wasser gedämpfte Früchte (Äpfel oder Birnen mit Rosinen).

Verschaffen Sie sich Bewegung und essen Sie mittags wieder einen Obstsalat, diesmal mit etwas Naturjoghurt. Essen Sie bewusst. Genießen Sie jeden Bissen.

TRINKEN SIE WASSER!
Achten Sie darauf, dass Sie täglich mindestens 2 Liter Wasser trinken. Zur Entschlackung eignet sich dabei am besten warmes Wasser, da dieses Giftstoffe besser aus den Zellen schwemmt als kaltes.

MEDITATION ZUR ENTGIFTUNG

Wiederholen Sie nachmittags die entgiftende Atemübung und widmen Sie sich dann der Meditation.

1. Setzen Sie sich auf einen Stuhl mit gerader Lehne oder auf den Fußboden.
2. Lassen Sie Ihre Aufmerksamkeit durch den Körper wandern, um alle Verspannungen aufzulösen. Achten Sie besonders auf Kiefer, Schultern, Beine und Pobacken.
3. Konzentrieren Sie sich nun auf den Atem, ohne ihn beeinflussen zu wollen. Machen Sie sich Ihr Atmen nur bewusst. Achten Sie darauf, wie Sie einatmen und wie Sie den Atem einen Moment lang anhalten, bevor Sie ausatmen. Dann wieder eine Pause vor dem nächsten Einatmen.
4. Sie achten einfach auf Ihren Atem. Wenn Ihr Geist anfängt, sich anderen Dingen zuzuwenden, werden Sie bitte nicht ärgerlich. Bringen Sie ihn nur einfach wieder zum Atem zurück.
5. Stellen Sie sich jetzt vor, wie Sie »giftige« Gedanken ausatmen und neue Energie und Möglichkeiten einatmen.
6. Wenden Sie sich nun wieder dem einfachen Atmen zu.
7. Dehnen Sie Ihre Bewusstheit auf den ganzen Körper aus.
8. Nun lassen Sie Ihre Aufmerksamkeit sich noch weiter ausbreiten – auf Ihre Umwelt, Klänge, die Temperatur im Raum. Sanft öffnen Sie die Augen und kehren in Ihr normales Wachbewusstsein zurück.
9. Bleiben Sie kurz sitzen und trinken Sie etwas klares Wasser, bevor Sie sich erheben.

NEHMEN SIE'S LEICHT!

Essen Sie früh zu Abend, möglichst schon gegen sechs Uhr. Eine Schüssel gedämpftes Gemüse mit Kräutern, Gewürzen und ein wenig Knoblauch (kein Salz) mit einem Dressing aus einem Teelöffel Olivenöl und Zitronensaft. Auch hier ist ein wenig Ingwer oder Knoblauch zur Würze erlaubt. Lassen Sie alles ein paar Minuten lang ziehen. Wenn Sie sehr hungrig sind, können Sie ein wenig braunen Reis oder eine Kartoffel dazu essen.

Machen Sie sich einen schönen Abend nur für sich. Zünden Sie ein paar Kerzen an. Geben Sie Aromaöle in die Duftlampe (Wacholder, Kamille oder Zirbelkiefer). Legen Sie sich dann mit einem guten Buch hin oder hören Sie Musik.

Wie fühlt Ihr Körper sich jetzt an? Möchten Sie noch weiter entgiften? Vielleicht ein für alle Mal das Kaffeetrinken aufgeben? Oder die morgendliche Tasse heißes Wasser mit Zitronensaft weiterhin trinken? Jeden Tag 20 Minuten meditieren? Sogar kleine Veränderungen tun dem Körper gut.

EIN BAD MIT APFELESSIG

Gehen Sie früh zu Bett. Machen Sie vorher eine gründliche Bürstenmassage. (Darin sind Sie ja mittlerweile Profi!) Lassen Sie sich ein nicht zu heißes Bad einlaufen und gießen Sie zwei Becher Apfelessig hinein. Entspannen Sie sich in dieser Mischung etwa eine Viertelstunde lang. Dieses Bad entgiftet sehr tief gehend. Wickeln Sie sich ins Badetuch und gehen Sie schlafen.

FÜR DEN KÖRPER

Strahlende Schönheit

Wer bitte möchte denn allen Ernstes nicht schön sein? Wir geben viel Geld für teure Kosmetik aus, doch nur die wenigsten nehmen sich die Zeit, dem Körper etwas Gutes zu tun. Gönnen Sie sich den Luxus eines Schönheitswochenendes. Dann sehen Sie hinterher wirklich aus wie ein Star!

DAS WIRD GEBRAUCHT:

- *Schönheitsnahrung (siehe Seite 33), vor allem viele Früchte, die Sie roh oder als Saft verzehren*
- *2,5 Liter frische Vollmilch*
- *reife, rote Kirschen; reife Biotrauben*
- *eine große Tüte Meersalz*
- *25 ml Bienenwachs und 40 ml Rosenwasser*
- *Weizenkeim-, Traubenkern-, Mandel- oder Kokosnussöl*
- *Apfelessig*
- *wilder Honig*
- *2 Eier*
- *grüner Tee*
- *ätherische Öle: siehe im Text*
- *sterilisierte Glasgefäße*

Freitagabend FANGEN WIR VON VORN AN!

Werfen Sie mal einen Blick in Ihr Schminktäschchen, Ihr Badezimmerregal, Ihren Kosmetikkoffer. Was sehen Sie dort? Wetten, dass alles voll ist. Kosmetik ist aber nicht unbegrenzt haltbar, tatsächlich wird manches schon recht bald unbrauchbar. Also ist ein richtiger Check-up angesagt: Werfen Sie alles raus, was älter als ein Jahr ist. Alles, was Sie nie benutzen. Alles, was nicht mehr zu Ihnen passt.

Wenn Sie dieses Wochenende auch entschlacken wollen, folgen Sie den Ernährungsregeln aus dem Entgiftungswochenende (Seite 22–29). Wollen Sie das nicht, dann achten Sie einfach darauf, viele Säfte und viel frisches Obst zu sich zu nehmen.

Dieses Wochenende sollten Sie Ihrem Gesicht einmal eine Ruhepause gönnen. Kein Make-up. Lassen Sie Ihre Haut atmen. Das Abschminken am Freitagabend ist dafür ein gutes Eröffnungsritual.

1. Zünden Sie im Badezimmer Kerzen an und legen Sie sanfte Musik auf. Sie werden viele flauschige Handtücher brauchen. Legen Sie also welche auf der Heizung bereit, damit sie warm sind.

2. Entfernen Sie alles Make-up, am besten mit ein wenig Kokosnussöl. Achten Sie darauf, die Haut nicht zu überdehnen.

3. Lassen Sie warmes Badewasser ein, geben Sie 2,5 Liter frische Milch dazu und ein paar Tropfen ätherisches Kamillenöl.

4. Zerkleinern Sie einige Biotrauben und machen Sie eine Gesichtsmaske daraus. Trauben erfrischen und nähren die Haut.

5. Genießen Sie nun Ihr Milchbad, das die Haut glättet und ihr Feuchtigkeit schenkt.

6. Entspannen Sie sich 10 Minuten lang in der Badewanne, bevor Sie die Gesichtsmaske abspülen und Ihr Gesicht mit dem Milchwasser waschen.

7. Bleiben Sie weitere 10 Minuten in der Wanne, bevor Sie heraussteigen und sich ins Handtuch wickeln.

NAHRUNG FÜR DIE SCHÖNHEIT

Auch Schönheit hängt ganz wesentlich von einer gesunden Ernährung ab.

✦ *Trinken Sie täglich 2 Liter Mineralwasser.*

✦ *Kaufen Sie sich einen Mixer und genießen Sie frisch gepresste Säfte: Orangen, Trauben, Papayas, Mangos, Guaven, Karotten, Sellerie. Trinken Sie den Saft sofort nach der Zubereitung. Trinken Sie langsam und behalten Sie ihn einige Sekunden im Mund, bevor Sie schlucken.*

✦ *Vermeiden Sie Weizen und Milchprodukte, da diese Schleim bildend sind und die Aufnahme anderer Nährstoffe behindern, was zu Verstopfung führt.*

✦ *Komplexe Kohlenhydrate (Kartoffeln, Vollreis, Hafer, Wurzelgemüse und Hülsenfrüchte) sollten die Hälfte der Nahrung ausmachen.*

✦ *Essen Sie täglich 5 Portionen frisches Obst und Gemüse und etwa 55 g Eiweiß (Fisch, Nüsse, Samen und Linsen).*

✦ *Beim Fett sollten Sie sparen. Verwenden Sie nur kalt gepresste, unbehandelte Öle.*

Samstag DEN KREISLAUF AUF TRAB BRINGEN

Bewegen Sie sich! Wenn Sie einen schönen Körper haben wollen, müssen Sie ihn bewegen. Heute werden Sie am Morgen ein wenig Gymnastik und nachmittags eine Shiatsu-Gesichtsmassage machen. Abends können Sie ein Salzmassagebad nehmen und dann wunderbar schlafen. Man spricht ja nicht umsonst vom »Schönheitsschlaf«.

Waren Sie bisher sportlich nicht so aktiv, können Sie in ein Fitness-Studio gehen oder sich bei Sportvereinen umsehen, ob irgendetwas Sie anspricht. Vielleicht mögen Sie auch sanfte Methoden wie Yoga und Pilates-Training lieber. Dabei wird der Körper ganz allmählich gedehnt. Zieht Sie nichts davon an, gehen Sie zumindest länger spazieren oder schwimmen. Vergessen Sie nicht, vor jedem körperlichen Training ein paar Stretching-Übungen zu machen (siehe Literaturtipps).

SHIATSU-GESICHTSMASSAGE

Eine Massage der *Tsubos*, also der Akupressurpunkte, belebt das Gesicht und baut Spannungen ab, die für die Faltenbildung verantwortlich sind. Massieren Sie mit den Fingerkuppen. Ob Sie lieber mit dem Daumen oder mit den anderen Fingern arbeiten, bleibt Ihnen überlassen. Drücken Sie auf jeden Punkt etwa fünf Sekunden. Wie viel Druck Sie ausüben, ist Geschmackssache. Nur wehtun sollte es nicht.

1. Schließen Sie die Augen und streichen Sie mit den Fingerspitzen sanft außen um das Gesicht herum.

2. Legen Sie die Handballen auf die geschlossenen Augen und entspannen Sie sich so einige Minuten. Stützen Sie die Ellbogen dabei auf dem Tisch auf.

3. Suchen Sie nun den Punkt am Unterrand des Jochbogens, der direkt unter der Augenmitte liegt. Drücken Sie auf beiden Seiten gleichzeitig.

4. Fahren Sie mit dem Zeigefinger seitlich an der Nase entlang, bis Sie in den Augenwinkeln angelangt sind. Dort drücken Sie nun kräftig gegen die Nase.

5. Dann lassen Sie die Finger in den äußeren Augenwinkel wandern und drücken dort.
6. Nun gehen Sie mit den Fingern in die kleine Kerbe genau unter den Ohrläppchen. Auch hier drücken Sie wieder auf beiden Seiten zugleich.
7. Suchen Sie den Punkt am äußeren unteren Rand der Augenhöhlen. Massieren Sie dort sehr vorsichtig.
8. Schließlich bearbeiten Sie noch das »dritte Auge«, den Punkt genau zwischen den Augenbrauen. Drücken Sie fest und massieren Sie diesen Punkt dann mit ein wenig Kokosöl mit kreisförmigen Bewegungen im Uhrzeigersinn. Je länger der Punkt massiert wird, desto deutlicher vermindert er Fältchen, regt die Durchblutung an und schenkt inneren Frieden.

SALZMASSAGEBAD

Dieses Bad regt die Durchblutung an und reinigt die Haut, indem es alte Zellen beseitigt. ACHTUNG: Wenden Sie dieses Bad nicht an, wenn Ihre Haut verletzt ist oder Sie Herz-Kreislauf-Probleme haben.
1. Lassen Sie die Badewanne mit warmem Wasser voll laufen. (Nicht zu heiß!) Geben Sie ein oder zwei Tassen Meersalz dazu.
2. Nehmen Sie eine Hand voll Meersalz und verrühren Sie es mit wenig Wasser zu einer dicken Paste.
3. Nun massieren Sie diese Paste mit kleinen, kreisförmigen Bewegungen in Ihren Körper ein. Beginnen Sie mit Schultern und Nacken und wandern Sie langsam nach unten zu den Füßen. (Salz nicht ins Gesicht und auf die Brustwarzen bringen.)
4. Nun legen Sie sich ins Bad und ruhen sich dort mindestens 10 Minuten aus.
5. Reiben Sie sich trocken und gehen Sie bald zu Bett.

Sonntag SEIEN SIE LIEBEVOLL ZU SICH SELBST

Heute produzieren Sie Ihre eigene Kosmetik (siehe rechts). Das macht Spaß, und außerdem wissen Sie bei hausgemachten Cremes immer genau, was drin ist. Bewahren Sie sie im Kühlschrank auf und verbrauchen Sie sie schnell. Sie verderben schneller als gekaufte Produkte. Nachmittags widmen Sie sich speziell Ihren Händen und Füßen, abends Gesicht, Haar und Körper.

MASSAGE FÜR FÜßE UND HÄNDE

Gönnen Sie Ihren Füßen ein 15–20-minütiges Bad in einer großen Schüssel, die Sie mit warmem Wasser, 15 ml Meersalz, 3 Tropfen Mandelöl und 2–6 Tropfen Pfefferminz- oder Patschuliöl gefüllt haben.

Während Sie Ihre Füße baden, kümmern Sie sich um Ihre Hände. Baden Sie sie 5 Minuten lang in warmem Wasser, massieren Sie sie dann mit einer Mischung aus 10 ml Weizenkeimöl, 5 ml wildem Honig und fünf Tropfen Lavendelessenz in kleinen, kreisförmigen Bewegungen. Schieben Sie die Nagelhaut zurück und massieren Sie das Öl auch in die Fingernägel ein.

GLÄTTENDE MASKE

Heute Abend verwöhnen Sie Ihr Gesicht, Ihr Haar und Ihren Körper.

1. Mischen Sie sich eine Packung fürs Haar: zwei Eidotter, ein Esslöffel Mandelöl und ein Tropfen ätherisches Öl der Mandarine.

2. Feuchten Sie Ihr Haar an und massieren Sie die Mischung gut in Haar und Kopfhaut ein. Wickeln Sie Ihren Kopf in eine Plastiktüte und legen Sie ein Handtuch darüber. Lassen Sie die Packung bis zum Ende der Behandlung auf.

3. Nun machen Sie ein Dampfbad fürs Gesicht: Geben Sie zwei Tropfen Rosengeranienöl in eine Schüssel mit nahezu kochend heißem Wasser. Ziehen Sie ein großes Handtuch über sich und die Schüssel und bleiben Sie etwa 10 Minuten darunter. Ihr Gesicht sollte aber mindestens 45 cm vom Wasser entfernt sein. Wenn Sie sich unwohl fühlen, hören Sie auf. Der Dampf

öffnet und reinigt die Poren. ACHTUNG: Keine Dampfbäder, wenn Sie unter geplatzten Äderchen, Asthma oder Herzproblemen leiden.

4. Bereiten Sie aus frischen Kirschen eine Maske zu, indem Sie die Kirschen ohne Kern zu einer dicken Paste verarbeiten. Tragen Sie diese auf Hals und Gesicht auf.

5. Lassen Sie sich ein heißes Bad einlaufen. Geben Sie 4 Tropfen Fenchelöl in eine Tasse Milch und gießen Sie beides ins Wasser. Ruhen Sie sich darin 20 Minuten lang aus und trinken Sie dabei eine Tasse grünen Tee.

6. Wischen Sie die Kirschmaske ab. Nehmen Sie die Kopfbedeckung ab und waschen Sie Ihr Haar. Und gehen Sie noch einmal früh zu Bett: Süße Träume!

REICHHALTIGE KÖRPERLOTION

15 ml Bienenwachs
je 20 ml Mandel- und Traubenkernöl
5 ml Weizenkeimöl
20 ml Rosenwasser oder Mineralwasser mit 5 Tropfen Apfelessig
6 Tropfen ätherisches Öl (entweder Zypresse, Fenchel, Wacholder, Mandarine oder Neroli)

Lassen Sie das Bienenwachs in einer hitzefesten Schale schmelzen und fügen Sie die Öle hinzu. Stellen Sie die Schale in einen Topf mit leicht köchelndem Wasser, bis sie sich gut vermischt haben. Nehmen Sie die Schale aus dem Wasserbad und geben sie tropfenweise das Wasser zu. Rühren Sie immer wieder gut durch, bis die Creme langsam dick wird und abkühlt. Geben Sie die Duftöle zu. Bewahren Sie die Creme in einem sterilisierten Töpfchen im Kühlschrank auf. Innerhalb eines Monats verbrauchen.

LEICHTE FEUCHTIGKEITSCREME

10 ml geschmolzenes Bienenwachs
45 ml Weizenkeimöl
20 ml abgekochtes Wasser oder Rosenwasser
6 Tropfen Rosengeranienöl (für fettige Haut Bergamotte)

Bienenwachs und Öl in eine kleine, hitzefeste Schale geben und diese in leicht köchelndes Wasser stellen. Gut durchrühren und die Schale wieder aus dem Wasserbad nehmen. Langsam das Wasser hinzufügen, bis die Creme abkühlt und dick wird. Ätherisches Öl zugeben. In einem sterilisierten Töpfchen im Kühlschrank aufbewahren.

FÜR DEN KÖRPER

Energie tanken

Energie ist ein lebenswichtiger Rohstoff. Wenn wir sie kaufen könnten, stünden wir wohl ständig im Laden, denn mittlerweile beklagt ja jeder, nicht genügend Energie zu haben. Kein Wunder bei dem hektischen, temporeichen und aufreibenden Lebensstil, den wir pflegen. Wenn Sie ein wirkliches Energieleck haben, sollten Sie sich dieses Wochenende gönnen, bei dem Sie mal wieder so richtig auftanken können.

DAS WIRD GEBRAUCHT:

- ***Energie-Nahrung (siehe Seite 41)***
- ***Pfefferminztee***
- ***ätherische Öle: Lavendel***
- ***große Bögen Papier, Malkreiden oder -farben***

Freitagabend SCHLAFENDE ENERGIE WECKEN

Heute Abend nehmen Sie nur eine leichte Mahlzeit zu sich – Vollkornpasta mit Gemüsesauce und ein wenig Parmesan. Achten Sie beim Einkaufen auf Energie spendende Lebensmittel. Hilfreich ist auch die Energie-Atmung und Farbmeditation. Gönnen Sie sich danach ein warmes Bad (vielleicht mit ein paar Tropfen Lavendelöl) oder eine sanfte Massage (zum Beispiel eine ayurvedische Abhyanga-Massage, siehe Seite 51), bevor Sie zu Bett gehen und tief schlafen.

ENERGIE ATMEN

Diese Form der Yoga-Atmung nennt man *ujjayi*, den »Atem der Siegreichen«. Sie sorgt für einen gut balancierten Energieschub in Körper und Geist. Üben Sie die *ujjayi*-Atmung mehrmals täglich, bis sie Ihnen in Fleisch und Blut übergegangen ist.

1. Atmen Sie tief ein und drücken Sie den hinteren Teil der Zunge an den Gaumen. So entsteht ein leiser Schnarchton, den nur Sie selbst hören sollten.
2. Atmen Sie nun in derselben Gaumenstellung so langsam wie möglich aus. Dabei wird Ihr Atem rasselnd, so als würden Sie Darth Vader aus »Krieg der Sterne« imitieren.
3. Atmen Sie auf diese Weise drei Mal ein und aus.
4. Dann entspannen Sie sich und atmen normal.
5. Wenn Sie Zeit haben, wiederholen Sie diesen Zyklus (sechs Mal *ujjayi*-Atmung, sechs Mal normale Atmung) vier Mal.

HEILEN MIT FARBEN

Wenn Sie sich ständig erschöpft fühlen, brauchen Sie vielleicht eine Dosis Rot.

1. *Stellen Sie sich vor, wie Ihr Kopf sich am Scheitelpunkt öffnet und sich ein Strahl klaren, roten Lichts in Sie ergießt. Er füllt Ihren Körper mit heilender Energie.*

2. *Während Sie sich das Rot vorstellen, sagen Sie zu sich selbst: »Mein Körper und mein Geist erhalten alle Energie, die ich brauche.« Tun Sie das mindestens zwei Minuten lang.*

3. *Fühlen Sie, wie die Poren Ihrer Haut sich öffnen und das Licht nach außen dringt. Sobald es Ihren Körper verlässt, wird es zu einem sanften, zarten Nebel, der Sie in einen sicheren, wohl tuenden Kokon hüllt.*

4. *Möglicherweise spüren Sie während dieser Übung ein Kribbeln. Es zeigt das steigende Energieniveau an.*

Wenn diese Übung Ihnen gut tut, wiederholen Sie sie täglich.

DIE ENERGIE-DIÄT

Wollen Sie Ihrem Körper einen Energieschub geben, sollten Sie auch auf Ihre Ernährung achten. Befolgen Sie ein paar wesentliche Punkte:

✦ *Lassen Sie Zucker und Süßigkeiten weg. Sie vermitteln Ihnen zwar »schnelle« Energie, doch häufiger Zuckerkonsum stimuliert die Insulinproduktion und raubt uns daher Energie.*

✦ *Kein Koffein! Wie Zucker plündert Koffein die Energiereserven des Körpers.*

✦ *Essen Sie viel komplexe Kohlenhydrate, Obst und Gemüse (etwa 70% der täglichen Kalorienaufnahme), wenig Eiweiß und noch weniger Fett (möglichst aus fetthaltigen Fischen, Olivenöl oder Nüssen). Meiden Sie Fertig- und Halbfertiggerichte, Fast Food und aufgewärmtes Essen. Lecker ist der Energy-Fisch von Seite 152.*

✦ *Achten Sie darauf, genügend Vitamine und Mineralstoffe zu sich zu nehmen, vor allem B-Vitamine, Chrom und Magnesium. Als Nahrungsergänzung können Sie sich Multivitamin- und Mineralstoffpräparate guter Qualität besorgen, die meist auch Antioxidantien enthalten. Für die Energieversorgung super ist das Coenzym Q10.*

Samstag WOHLFÜHLENERGIE

Beginnen Sie den Tag mit einem Salzmassagebad (siehe Seite 35) mit kaltem (!) Wasser. Dann ein gutes Frühstück, zum Beispiel mit Müsli oder über Nacht in Sojamilch eingeweichte Haferflocken. Geben Sie ein paar Nüsse bzw. Trockenfrüchte dazu. Trinken Sie ein Glas frisch gepressten Orangensaft und essen Sie dazu ein paar Scheiben Vollkornbrot mit Honig.

Machen Sie den Sonnengruß wie auf den Seiten 148–149 beschrieben. Diese Yoga-Übung schenkt Ihnen schon am Morgen frische Energie für Körper und Geist. Räumen Sie dann in Ihrem Haus auf. (Ideen dazu finden Sie auf Seite 76.) Ein gründliches Großreinemachen stimuliert ungemein.

ENERGIE-MUDRAS

Essen Sie mittags Rührei auf Vollkorntoast und ein wenig Obst zum Nachtisch. Danach gehen Sie flott spazieren und atmen dabei tief ein und aus. (Versuchen Sie es mit der *ujjayi*-Atmung, doch wenn Sie nicht daran gewöhnt sind, müssen Sie wahrscheinlich etwas langsamer gehen.)
Wieder zu Hause, trinken Sie eine Tasse Pfefferminztee, der Körper und Geist stärkt. Danach üben Sie die Apan-Mudra. Mudras sind Yoga-Übungen für die Hände. Diese spezielle Übung versorgt uns mit ruhiger, zielgerichteter Energie.

1. Legen Sie Daumen, Mittel- und Ringfinger zusammen. Strecken Sie die anderen Finger aus. Dies gilt für beide Hände.

2. Setzen Sie sich bequem hin und lassen Sie Ihre Hände in dieser Stellung im Schoß ruhen. Bleiben Sie so etwa zehn Minuten oder länger sitzen.

3. Machen Sie diese Übung immer, wenn Sie sich schlapp fühlen.

Wenn möglich, sollten Sie sich heute Nachmittag massieren lassen. Idealerweise wählen Sie eine energiegeladene Massage wie die Indische Taumassage (chavutti thirumal), Shiatsu, Tui Na oder die Traditionelle Thai-Massage. All diese Techniken kräftigen die inneren Energiesysteme des Körpers und laden Sie von neuem auf.

ABENDESSEN

Abends gibt es heute eine geballte Ladung Proteine: gegrillten Thunfisch (oder einen anderen Fisch, siehe Rezept Seite 152) mit Salat.

Sonntag DEN ENERGIEFLUSS STÄRKEN

Frühstücken Sie wie am Samstag und probieren Sie hinterher Qigong aus, jene Übungen aus China zur Steigerung des Energieniveaus. Zum Mittagessen gibt es gebackene Kartoffeln gefüllt mit Kichererbsenpüree, dazu frische Tomaten und gehackte Zwiebeln, danach ein wenig Obst. Nach dem Essen machen Sie wieder einen Spaziergang, auf dem Sie die *ujjayi*-Atmung üben. Das Abendessen besteht aus einem köstlichen Marokkanischen Huhn (siehe Seite 152). Nach einer Ruhepause machen Sie die Dreh-Übung.

QIGONG-GRUNDSTELLUNG

Die Übung sieht einfach aus und ist es auch. Trotzdem stellt sie eine machtvolle Energiequelle dar. Wenn Sie einen Energieschub brauchen, ist diese Übung genau das Richtige. Man nennt sie die Grundstellung des Qigong. Sie lehrt uns die richtige Haltung und fördert unser Körperbewusstsein.

1. Die Füße stehen parallel zueinander etwa in Schulterbreite. Suchen Sie Ihren persönlichen Gleichgewichtspunkt. Liegt Ihr Schwerpunkt zu weit vorn bzw. hinten, verursacht dies Spannungen und Müdigkeit.

2. Fühlen Sie den Rand der Fußsohle, die Ferse, den kleinen Zeh und den großen Zeh, die entspannt auf dem Boden aufliegen.

3. Lassen Sie die Knie locker. Sie sollten sich in gerader Linie über den Füßen befinden.

4. Entspannen Sie nun den unteren Rücken, die Pobacken und den Bauch.

5. Lassen Sie Ihre Brust einsinken. Entspannen Sie sich, die Schultern sinken nach vorn.

6. Stellen Sie sich vor, Ihre Haare sind oben zu einem Zopf geflochten, der mit einem Seil an der Decke hängt. Ihr Kopf sitzt locker und frei auf dem Hals. Entspannen Sie Zunge, Mund und Kieferknochen.

7. Lassen Sie die Hände lose herabhängen und verharren Sie einige Minuten in dieser Stellung.

DANTIEN – DER KÖRPERMITTELPUNKT

Diese Übung stimuliert den *Dantien* genannten Körperschwerpunkt, unsere Energiereserve. Er liegt etwa zwei Finger breit unterhalb des Nabels.

1. Sie nehmen die Qigong-Grundstellung ein.

2. Männer legen nun die linke Hand auf das Dantien und platzieren die rechte oberhalb der linken Hand. Frauen machen es genau umgekehrt. Entspannen Sie nun den ganzen Körper und konzentrieren Sie sich auf das Dantien.

3. Die Beine halten Sie gerade, aber nicht durchgedrückt. Nun atmen Sie ins Dantien hinein. Die Bauchdecke wölbt sich Ihren Händen entgegen.

4. Beim Ausatmen biegen Sie die Knie durch. Die Bauchdecke sinkt zurück. Machen Sie diese Übung mindestens zwei Minuten lang. Wenn Sie sich daran gewöhnt haben, auch länger.

DREH-ÜBUNG

Die Kunst des Herumwirbelns soll verjüngen und Körper und Geist mit Energie aufladen. Stehen Sie gerade. Strecken Sie Ihre Arme parallel zum Boden aus. Nun drehen Sie sich im Uhrzeigersinn, also von links nach rechts, bis sie sich schwindlig fühlen. Wundern Sie sich nicht, wenn das anfangs schon nach sechs Drehungen der Fall ist. Mit der Zeit schaffen Sie mehr.

Bevor Sie sich zu drehen beginnen, konzentrieren Sie sich auf einen Punkt direkt vor Ihnen. Behalten Sie diesen Punkt so lange wie möglich im Auge, wenn Sie sich drehen, und nehmen Sie ihn sofort wieder auf, wenn Sie die Drehung abschließen.

FÜR DEN KÖRPER

Heilendes Ayurveda

Ayurveda gilt als »Mutter der Heilkunst«, und dies aus gutem Grund. Das System wurde bereits vor 5000 Jahren in Indien entwickelt. Das Beste daran ist, dass Ayurveda auch vorbeugend wirkt. Es lehrt uns, wie wir Körper, Geist und Seele pflegen sollen, um sie im Gleichgewicht zu halten. Dieses Wochenende soll Ihnen einen kleinen Vorgeschmack geben.

DAS WIRD GEBRAUCHT:
- *kalt gepresstes Sesamöl*
- *Chapati (Fladenbrot) aus Vollkornweizenmehl*
- *Gewürz- und Kräutertees (viele Naturkostläden und Reformhäuser bieten heute ayurvedische Tees an.)*
- *inspirierende Musik und gute Bücher*
- *ein Garshan-Handschuh oder genügend Rohseide, um ihn selbst zu nähen*

Freitagabend HEILSAME KLÄNGE

Essen Sie nach 18 Uhr nichts mehr. Agni, das Verdauungsfeuer, nimmt am Abend deutlich ab. Daher sollte das Abendessen nicht so üppig und zudem leicht verdaulich sein. Also keine vollfetten Milchprodukte, kein tierisches Eiweiß oder rohe, kalte Speisen am Abend.

Gehen Sie früh zu Bett (nicht später als 22 Uhr), denn Sie werden morgen früh aufstehen.

SINGEN UND CHANTEN

Öffnen Sie dem Klang eine Tür in Ihr Leben – das Ayurveda geht davon aus, dass Klang eines der fünf feinstofflichen Elemente ist und daher starke Heilkräfte besitzt.

✦ Die Laute der Natur beruhigen und erden uns. Sie sorgen für Balance. Lauschen Sie Ihnen, wann immer Sie können: dem Gesang der Vögel, dem Summen der Insekten, dem Wind in den Bäumen.

✦ Erschaffen Sie Ihre eigenen Klänge – durch Singen (auch wenn Ihnen der Text nicht einfällt), Trällern, Chanten, Summen, Knurren, Rufen. Manchmal wirkt das sehr heilsam. Spielen Sie ein Instrument? Oder würden Sie gerne eins lernen? Was würden Sie sich aussuchen?

✦ Suchen Sie im Plattenladen nach »Weltmusik« und fragen Sie speziell nach indischer Musik.

✦ Einige westliche Ayurveda-Praktiker meinen, dass gregorianischer Gesang ein guter Ersatz für die traditionelle vedische Musik Indiens sei. Oder Sie versuchen es mit Obertongesängen nach tibetischer oder mongolischer Tradition. Auch diese Musik entfaltet tiefe Heilkräfte.

Samstag DIE TÄGLICHEN ÜBUNGEN

Ayurveda legt höchsten Wert auf einen gesunden Tagesrhythmus. Der folgende Stundenplan klingt zwar zunächst wenig attraktiv, aber wenn Sie sich daran halten, werden Sie bald die positive Wirkung spüren.

✦ Stehen Sie früh auf, bei Sonnenaufgang, spätestens um fünf Uhr. Nach dem Aufstehen sollten Sie die Blase entleeren. Geht das nicht, so trinken Sie ein Glas Wasser oder Kräutertee (keinen Kaffee).

✦ Nun werden die Zähne geputzt und die Zunge gesäubert. Gurgeln Sie mit kaltem Wasser. Spülen Sie damit auch die Augen aus. Schneiden Sie Ihre Fingernägel.

✦ Dann folgt körperliche Bewegung: schnelles Gehen, Schwimmen oder Yoga.

✦ Reiben Sie warmes Sesamöl in die Haut. (Die Technik zählt dabei nicht.) Nehmen Sie dann ein körperwarmes Bad, um Ihren Körper zu beleben und ihm mehr Energie zu schenken.

✦ Beim Ankleiden achten Sie auf lockere, bequeme Kleidung. Meditieren oder beten Sie. Denken Sie an etwas Schönes.

✦ Nun gibt es (endlich) Frühstück. Essen Sie vor neun Uhr. (Jetzt wissen Sie, warum Sie so früh aufstehen müssen.) Probieren Sie die Dosa-Pfannkuchen von Seite 153, ein klassisch ayurvedisches Frühstück.

✦ Machen Sie die Atemübungen von den Seiten 19, 26, 40 und 87. Auch im Ayurveda spielt der Atem eine wichtige Rolle.

DIE REICHHALTIGSTE MAHLZEIT DES TAGES

Das Mittagessen sollte frühestens drei Stunden nach dem Frühstück erfolgen. Ein Uhr ist eine gute Zeit. Dann ist Ihr Körper ganz auf Verdauung eingestellt. Die Mahlzeit sollte daher die üppigste des Tages sein. Kochen Sie Dal mit Basmatireis und dazu Vollkorn-Chapatis. Gehen Sie hinterher spazieren, danach hören Sie am besten sanfte Musik.

ABHYANGA-MASSAGE

Nachmittags, wenn das Mittagessen verdaut ist, gibt es dann *Abhyanga*, die traditionelle ayurvedische Massage. Lassen Sie sich in einem warmen Raum von einer anderen Person massieren. Hierzu ist keinerlei Fachwissen nötig.

1. Legen Sie sich nackt auf ein großes, warmes Badetuch auf den Boden. (Für diese Massage braucht man sehr viel Öl.) Massieren Sie sich selbst, ist es besser, aufrecht zu sitzen.

2. Erwärmen Sie kalt gepresstes Sesamöl im Wasserbad auf Körpertemperatur.

3. Der Griff ist leicht, rhythmisch und wiederholt sich immer wieder. An runden Stellen (Gelenken) massieren Sie kreisförmig, an geraden (Arme, Beine, Nacken) in Strichen.

4. Massieren Sie das Öl sanft in Kopfhaut und Nacken ein.

5. Machen Sie dann am Rücken weiter bis zu den Hüften und Pobacken hinunter. Dann massieren Sie zuerst das eine Bein, dann das andere. Achten Sie besonders auf die Fußsohlen. (Massieren Sie auch zwischen den Zehen.)

6. Gehen Sie dann zu den Schultern zurück und reiben Sie Arme und Hände, auch die Fingerspitzen, mit Öl ein.

7. Der Massierte dreht sich jetzt um. Reiben Sie Arme, Füße, Brust und Bauch mit Öl ein. Am Schluss kommen Nacken und Gesicht. Massieren Sie sanft jeden Teil des Gesichts. Ziehen Sie die Ohrläppchen stramm und massieren Sie auch im Ohr, wobei Sie die Finger auf der äußeren Ohrmuschel lassen. Fahren Sie dann sanft in jedes Nasenloch.

8. Dann massieren Sie das »dritte Auge« (genau zwischen den Augenbrauen) fünf Minuten lang mit dem Daumen.

9. Decken Sie dann die massierte Person mit warmen Handtüchern zu, damit sie sich 30 Minuten lang entspannen kann.

AM ABEND

Essen Sie vor 18 Uhr etwas Leichtes (Gemüsesuppe oder warmen Salat). Gehen Sie vor 22 Uhr zu Bett. Vor 23 Uhr sollten Sie bereits schlafen. Öffnen Sie ein Fenster in Ihrem Schlafraum. Die Luft sollte dort frei zirkulieren.

Sonntag ANREGEN UND AUSBALANCIEREN

Heute folgen Sie mehr oder weniger demselben Programm wie gestern, doch statt der Abhyanga-Massage machen Sie eine Garshan-Massage, die Kreislauf, Verdauung, Entgiftung und Stoffwechsel stark anregt.

GARSHAN-MASSAGE

Anders als bei der Abhyanga-Massage wird hier recht kräftig, druckreich und schnell massiert. Der Massierende trägt Garshan-Handschuhe und massiert mit langen Strichen große Körperpartien und mit kreisförmigen Bewegungen an den Gelenken. Fangen Sie mit 10 Strichen pro Körperteil an und steigern Sie sich dann auf 40 oder 50.

1. Zuerst wird mit kreisförmigen Bewegungen der Kopf massiert. Streichen Sie danach fest über den Nacken und die Schultern.

2. Auch die Schultergelenke massiert man kreisförmig, um dann mit langen Strichen den Oberarm hinabzugehen. Am Ellbogen wieder kreisförmig, den Unterarm hinabstreichen, das Handgelenk kreisförmig, danach ausstreichen bis zu den Fingerkuppen.

3. Den Brustkorb behandelt man mit Strichen von rechts nach links und umgekehrt, Brust und Herzgegend werden dabei ausgespart.

4. Auch der Bauch wird seitwärts »gestrichen«, dann diagonal. Arbeiten Sie sich nun mit kräftigen Strichen zu Hüften und Pobacken vor.

5. Mit langen Strichen gehen Sie über den Oberschenkel. Kreisförmige Bewegungen über dem Kniegelenk, Striche über den Unterschenkel, kreisförmig am Knöchel, dann Ausstreichen bis zu den Zehen.

GARSHAN-HANDSCHUHE

Der Garshan-Handschuh ist eher eine Art Waschlappen aus Rohseide, den man sich leicht selbst machen kann. Besorgen Sie Rohseide, ziehen Sie darauf grob den Umriss Ihrer Hand nach (in 3 cm Abstand!) und nähen Sie das Ganze dann zusammen. Am Gelenk befestigen Sie ein Gummiband für besseren Halt.

MITTAGESSEN

Essen Sie etwa um ein Uhr. Wie wäre es mit Gewürzkarotten und Kartoffelburgern mit ein wenig Gurkenraita und Salat, über den Sie ein paar warme Croutons gestreut haben?

DER AYURVEDISCHE BLICK

Diesen Nachmittag betrachten Sie Ihr Zuhause einmal mit den Augen des Ayurveda. In Ihrem Heim sollten die Elemente ausgeglichen sein. Dazu gibt es folgende Möglichkeiten:

✦ Erde: Dinge aus Stein und Terrakotta; Kiesel und Sand; Tongefäße; große Steine als Türstopper; Kristalle.

✦ Wasser: Wasserschalen mit Kieselsteinen oder darauf schwimmenden Blütenblättern; Zimmerbrunnen; Aquarien (mit gesunden Fischen).

✦ Luft: Öffnen Sie mindestens einmal am Tag das Fenster. Weihrauch und ätherische Öle; ein Ventilator.

✦ Feuer: Machen Sie ein offenes Feuer, wo dies möglich ist. Wenn nicht, nehmen Sie Kerzen.

WOCHENEND-AUSKLANG

Nehmen Sie ein leichtes Abendessen ein – Suppe, Dal und Chapatis. Gönnen Sie sich einen ruhigen Spaziergang und setzen Sie sich danach zum Lesen hin. Später machen Sie den Mondgruß (Seite 150–151) und meditieren oder beten danach noch ein wenig. Spätestens um 22 Uhr sollten Sie zu Bett gehen.

Zweiter Teil Ein Wochenende für die Seele

Sind Sie glücklich? Genießen Sie Ihr Leben – Ihre Arbeit, Ihr Heim, Ihre Freizeit? Haben Sie warmherzige Beziehungen? Menschen, die Sie lieben und unterstützen? Oder ist die Liebe das Schlachtfeld Ihres Lebens? Schenkt Ihr Beruf Ihnen Erfüllung oder identifizieren Sie sich insgeheim mit dem Hamster, der sich Tag für Tag in seinem Laufrad abstrampelt? Ist Ihr Heim ein heiliger Ort für die Seele, an dem Sie sich sicher fühlen? Oder kommen Sie nur gelegentlich vorbei, um zu essen und zu schlafen und sonst nichts?

Das sind die Fragen, mit denen wir uns in diesem Teil des Buches beschäftigen. Natürlich können Sie Ihre seelische Verfassung nicht an einem einzigen Wochenende verändern. Das braucht Zeit und Hingabe. Doch Sie können die entscheidenden ersten Schritte unternehmen.

Für viele von uns ist das Unbewusste, dieser gewaltige Energiespeicher schöpferischer Kreativität unterhalb der Schwelle des Bewusstseins, Neuland. Dabei kann schon ein Wochenende genügen, um es besser kennen zu lernen und eine tief greifende Wandlung einzuleiten.

»Raus aus dem Hamsterrad« ist der Schlachtruf, der vor allem jene ansprechen dürfte, deren Leben unerbittlicher Routine unterworfen ist. Das Kurzprogramm macht großen Spaß und zeigt, wie man mit einfachen Maßnahmen viel verändern kann. Wenn wir »alles ins Lot bringen wollen«, müssen wir uns allen Aspekten unseres Lebens stellen – von der Hausarbeit bis hin zu unseren Beziehungen. Dabei werden wir entdecken, wie wir auch zu unseren Gunsten etwas verbessern können.

Das Wochenende zum Thema »Liebe« ist für frisch Verliebte ebenso interessant wie für altgediente Ehepaare, da es gegenseitiges Verständnis, Nähe und Lachen fördert. Denn darum geht es doch letztlich: Mehr Freude am Leben!

FÜR DIE SEELE

Reise ins Unbewusste

Wissen Sie eigentlich, wer Sie sind? Vielleicht meinen Sie, sich ganz gut zu kennen, obwohl Sie im Alltagsleben nur einen Bruchteil Ihres wahren Potenzials nutzen. Unter der Oberfläche liegt jedoch das ausgedehnte Meer des Unbewussten. Tauchen Sie ein, lassen Sie alte Ängste los und empfangen Sie eine Welle schöpferischer Energie, die zu neuem Vertrauen ins Leben führt.

ACHTUNG: *Einige der hier vorgestellten Übungen wirken sehr tief auf die Psyche. Wenn Sie also an irgendeinem Punkt Unbehagen oder Angst verspüren, wenden Sie sich an einen Psychotherapeuten Ihres Vertrauens.*

DAS WIRD GEBRAUCHT:

- *ätherische Öle: Zeder (oder Immortelle, d.h. Helichrysum foetidum)*
- *Mugwort oder Scarlet Monkeyflower von den FES-Quintessential-Blütenessenzen*
- *einen Kassettenrekorder*
- *Papier, Farben, Malstifte*
- *Tagebuch und Schreibstifte*
- *Kerzen in Violett oder Blau*

Freitagabend ZURÜCK IN DIE VERGANGENHEIT

Essen Sie etwas Leichtes und machen Sie dann die Bewegungs- und Kunstübungen aus dem Körperbewusstsein-Wochenende (Seite 14–21). So können Sie Ihre Psyche etwas lockern. Schreiben Sie alle Gedanken und Bilder nieder, die dabei in Ihnen aufsteigen. Danach machen Sie die unten stehende Visualisierung.

Nach der Übung gönnen Sie sich ein entspannendes Bad. (Geben Sie vier Tropfen Zedern- oder Immortellenöl in etwas Milch und gießen Sie die Mischung ins Wasser.) Lesen Sie weder vorher noch nachher. Meditieren Sie lieber 10–20 Minuten, indem Sie ohne zu starren in eine Kerzenflamme blicken. Denken Sie dabei an die Dinge, die Ihnen während der Mal- und Bewegungsübung durch den Kopf gegangen sind.

Nehmen Sie einen Tropfen FES-Quintessential-Blütenessenz *Mugwort* (Beifuß) unter die Zunge, bevor Sie einschlafen. Das hilft Ihnen, sich an Ihre Träume zu erinnern. Tagebuch und Stift sollten Sie gleich neben dem Bett aufbewahren, so können Sie Ihre Träume auch nachts schnell festhalten.

GELEITETE VISUALISIERUNGSÜBUNG

Jetzt unternehmen Sie eine Zeitreise in die Vergangenheit, um vergessene oder verdrängte Elemente wieder ans Licht zu holen. Machen Sie die Übung möglichst mit einem guten Freund. Sie können Ihre Reaktionen mit einem Rekorder aufzeichnen. Arbeiten Sie allein, nehmen Sie vorher die Anleitungen auf. Lassen Sie zwischen den einzelnen Schritten ausreichende Pausen.

ACHTUNG: Wenn Sie wissen (oder eine Vorahnung haben), dass Sie in Ihrer Kindheit traumatische Erfahrungen gemacht haben, machen Sie diese Übung mit einem qualifizierten Psycho- oder Hypnotherapeuten. Arbeiten Sie keinesfalls allein!

1. Setzen oder legen Sie sich bequem hin. Schließen Sie die Augen. Entspannen Sie den Körper, indem Sie jede Partie kurz anspannen und dann loslassen.

2. Richten Sie Ihre Aufmerksamkeit einige Minuten lang auf die Atmung. So wird sie von selbst langsamer und tiefer.

3. Sagen Sie sich, dass Sie sich beruhigt fallen lassen können. Es

besteht keinerlei Gefahr. Ihr Körper ist schwer und vollkommen entspannt.

4. Die Gedanken sind wie Wellen auf einem Teich. Sie kommen und gehen. Sie beobachten die Wellen und den Teich, der klar und strahlend bleibt.

5. Die verbleibenden Gedanken sind wie Wolken am Himmel. Sie sehen zu, wie sie sich langsam auflösen und den Himmel klar und strahlend zurücklassen.

6. Stellen Sie sich vor, Sie stehen auf der ersten von 10 Stufen, die allmählich nach unten führen. Nun steigen Sie langsam hinab. Ihr Körper wird dabei immer schwerer. Sie lassen vollkommen los. Zählen Sie langsam von 1 bis 10. Jeder Schritt führt Sie weiter zurück in die Vergangenheit.

7. Bei 10 sind Sie vollkommen entspannt, vollkommen ruhig. Vor sich sehen Sie jetzt eine Tür. Wenn Sie sie öffnen, treten Sie in einen Teil Ihrer Vergangenheit ein, der für Sie bedeutsam ist.

8. Öffnen Sie die Tür und treten Sie ein.

9. Sehen Sie auf Ihre Füße. Sind Sie kleiner geworden? Was tragen Sie an den Füßen?

10. Betrachten Sie Ihre Hände und die anderen Körperteile, die Sie sehen können.

11. Erst dann blicken Sie sich langsam um. Wo sind Sie? Wer ist bei Ihnen? Was geschieht?

12. Überlassen Sie sich dem Geschehen.

13. Wenn Sie fertig sind (Sie können die Szene verlassen, wann immer Sie wollen), gehen Sie einfach wieder durch die Tür. Steigen Sie die Treppen hoch und zählen Sie rückwärts von 10 bis 1. Jeder Schritt lässt Sie ein wenig wacher werden. Ihr Körper wird Ihnen von neuem bewusst. Sie spüren, wie er auf dem Boden bzw. Stuhl aufliegt.

14. Ganz oben angekommen sind Sie hellwach. Öffnen Sie die Augen, stehen Sie auf und stampfen Sie mit den Füßen auf. Trinken Sie ein Glas Wasser, essen Sie etwas. So finden Sie am leichtesten in die Gegenwart zurück.

15. Halten Sie Ihr Erlebnis im Tagebuch fest.

Samstag ANS TAGESLICHT BRINGEN

Unmittelbar nach dem Aufwachen bleiben Sie erst einmal ruhig liegen und versuchen, sich an Ihre Träume zu erinnern. Halten Sie sie auf Papier oder auf Band fest.

Heute werden Sie das, was Sie gestern entdeckt haben, ans Tageslicht bringen – mit Körperarbeit, Kunsttherapie und freier Assoziation.

Für den Vormittag würde ich Körperarbeit vorschlagen. Unsere Emotionen sind ja nicht nur im Kopf gespeichert, sondern ebenso in den Muskeln, im Bindegewebe, ja sogar in den Knochen. Ein guter Körpertherapeut kann uns helfen, alte Erinnerungen zu wecken und macht uns so die Grundlagen unserer Verhaltensmuster bewusst. Sehr gute Arbeit leisten dabei Systeme wie SHEN®, Biodynamische Massage, Rolfing, Hellerwork, Bindegewebsmassage und WATSU (eine Kombination von Shiatsu und Wassertherapie). Doch letztlich ist jede Körpertherapie hier hilfreich.

Schreiben Sie danach wieder alles auf, was Ihnen eingefallen ist.

KUNSTTHERAPIE

Heraus mit den Farben – jetzt wird es Zeit für eine künstlerische Sitzung. Suchen Sie sich einen Raum, in dem Sie frei arbeiten können. Sie sollten große Bögen Papier auslegen oder aufhängen (Zeitungspapier tut's auch), um problemlos herumklecksen zu können. Küchen oder Badezimmer (wenn sie groß genug sind) kann man leicht wieder säubern. Auch eine Garage ist super. Ziehen Sie auch alte Sachen an – Sie sollten auf nichts anderes Acht geben müssen als auf sich selbst.

Nun schlagen Sie Seite 94 auf und folgen der dortigen Anleitung. Wenn Sie fertig sind, setzen Sie sich hin und betrachten Ihre Bilder. Was sagen sie Ihnen? Welche Bilder lassen sich erkennen? Lassen sie Ihrer Vorstellungskraft freien Lauf. Wenn Ihre Bilder sprechen könnten, was würden Sie Ihnen mitteilen? Halten Sie Ihre Gedanken im Tagebuch fest.

FREIES ASSOZIIEREN

Diesen Abend sollten Sie ein paar Yoga- und Atemübungen machen. (Ideen dazu finden Sie im ersten Teil dieses Buches.) So lernen Sie, mit dem, was Ihr Unbewusstes Ihnen mitteilt, zu arbeiten.

Wenn Sie das Gefühl haben, dass Sie mit Malen am weitesten kommen, dann machen Sie weiter, vielleicht bei Kerzenlicht und/oder inspirierender Musik.

Möchten Sie lieber etwas anderes tun, dann versuchen Sie es mit freiem Assoziieren. Zünden Sie eine blaue oder violette Kerze an und setzen Sie sich mit Ihrem Tagebuch (oder einem Blatt Papier) und einem Stift einfach hin. Schreiben Sie auf, was immer Ihnen in den Sinn kommt – wie blödsinnig oder bedeutungslos es auch scheinen mag. Zensieren Sie sich nicht! Vielleicht schreiben Sie seitenlang immer dasselbe. Vertrauen Sie dem Vorgang. Wenn Sie nicht so recht hineinkommen, dann versuchen Sie es mit einem der folgenden Satzanfänge:

✦ Ich möchte …
✦ Ich hasse …
✦ Wenn ich ehrlich bin, …
✦ Könnte ich doch nur …

Drohen Ihre Gefühle, Sie zu überwältigen, machen Sie eine Pause und atmen tief durch.

Am Ende nehmen Sie das gleiche Bad wie am Freitagabend (siehe Seite 58).

Sonntag DEM SCHATTEN GEGENÜBERTRETEN

Was haben Sie letzte Nacht geträumt? Die beiden letzten Tage sollten doch einige Reaktionen hervorgerufen haben. Zeichnen Sie alles auf.

Danach verschaffen Sie sich Bewegung: ein langer Spaziergang, eine Runde Schwimmen, eine Sitzung im Fitness-Studio. Ein wenig Yoga, Pilates-Training oder Stretching ist auch gut. Wichtig ist nur, dass Sie sich bewegen. Oder Sie tanzen ein bisschen.

✦ Widmen Sie Ihre Aufmerksamkeit einige Minuten lang Ihrem Atem.

✦ Was möchte Ihr Körper jetzt? Lassen Sie ihn sich so bewegen, wie er es wünscht. Vielleicht möchte er ja durch den Raum stapfen wie ein fünfjähriges Kind oder dahingleiten wie ein Vogel.

✦ Brauchen Sie Musik? Es geht auch ohne. Wenn doch, fragen Sie Ihren Körper, was er hören will.

SCHATTENFIGUREN

Heute schließen wir Bekanntschaft mit unserem Schatten. In der Tiefenpsychologie Jungscher Prägung ist der Schatten all das, was wir vor unserem Bewusstsein verstecken. Wenn Sie je im Traum auf eine erschreckende Figur Ihres eigenen Geschlechts (Mörder, strenger Lehrer, Hure, Tyrann) oder eine besonders verachtenswerte Figur (Feigling, jammerndes Kind) gestoßen sind, dann haben Sie Ihren Schatten getroffen. Alles, was wir an unserer Psyche nicht ertragen können, schließen wir weg, so dass es zum Schatten wird.

Wenn Sie den Schatten ignorieren, wächst und gedeiht er prächtig. Manchmal bricht er dann in Besorgnis erregender Weise hervor. Wenn wir uns sinnlos betrinken zum Beispiel oder gewalttätig werden, einen Tobsuchtsanfall bekommen oder mit jemandem ins Bett gehen, den wir noch nicht mal leiden können.

Am besten ist es, den Schatten in unser bewusstes Leben zu integrieren, da er enorme Energiereserven für uns bereithält, die freiwerden, wenn wir ihn nicht mehr bekämpfen.

SCHATTENARBEIT

Bevor Sie diese Übung machen, nehmen Sie ein paar Tropfen FES-Blütenessenz *Scarlet Monkeyflower* (Mimulus cardinalis), die uns mit unserem Schatten in Kontakt bringen.

1. Schreiben Sie alle Menschen auf, die Ihnen wirklich auf die Nerven gehen oder Sie irgendwie stören. Das können Bekannte ebenso sein wie Figuren aus einer Fernsehserie.

2. Weshalb mögen Sie sie nicht? Was stört Sie an ihnen?

3. Gibt es Menschen, die Sie generell unangenehm oder beängstigend finden? Hinter vielen rassistischen Vorstellungen steckt in Wirklichkeit unser Schatten.

4. Denken Sie nun über die gefundenen Eigenschaften nach. Besitzen Sie selbst sie etwa auch? Oder leugnen Sie diese Anteile bei sich?

5. Malen Sie Ihren Schatten. Auch wenn dies ein wenig beängstigend sein kann, ein Bild ist doch ein guter Aufbewahrungsort für einen Schatten. Wenn Sie immer noch Angst haben, malen Sie einen breiten Rahmen um die Figur.

6. Nutzen Sie die »Zwei-Stühle-Technik« von Seite 86. Setzen Sie Ihren Schatten auf einen Stuhl, Sie selbst nehmen den anderen.

7. Schreiben Sie Ihrem Schatten. Was wollen Sie ihm sagen?

8. Wie sieht der Schatten in Ihren Träumen aus? Wenn Sie eine solche Figur gefunden haben, arbeiten Sie mit ihr. Sie können sie malen, mit ihr sprechen, ihr schreiben. Kommunizieren Sie mit Ihrer dunklen Seite.

FÜR DIE SEELE

Liebe und Partnerschaft

Wären unsere Beziehungen Zimmerpflanzen, sie wären vermutlich schon vor Jahren elend zugrunde gegangen! Denn wir vernachlässigen unsere liebsten Menschen meist auf erschreckende Weise. Dieses Wochenende wird Ihnen helfen, jeder Art von Partnerschaft neue Nahrung zu geben. Sind Sie frisch verliebt, werden Sie sich dadurch besser kennen lernen. Sind Sie schon lange zusammen, wird so der erste Funke neu entfacht.

DAS WIRD GEBRAUCHT:

- *Ihre Lieblingsspeisen*
- *ätherische Öle: Rosengeranie und Sandelholz bzw. Ylang Ylang*
- *Mandelöl*
- *Kerzen: eine rote, eine rosafarbene, eine gelbe*
- *Papier und Stifte*

Freitagabend NÄHE UND VERTRAUEN

Bereiten Sie gemeinsam das Abendessen zu. Vielleicht möchten Sie ein wenig Wein dazu. (Bitte nicht zu viel davon!) Während des Abendessens erinnern Sie sich an Ihre erste Begegnung. Was war Ihr erster Eindruck voneinander? Was haben Sie gesagt oder getan? War es Liebe auf den ersten Blick oder dauerte es länger, bis es funkte? Rufen Sie sich Ihre ersten Begegnungen ins Gedächtnis: den ersten Kuss, die erste gemeinsame Nacht.

Nach dem Essen setzen Sie sich bequem hin und machen gemeinsam diese Übung:

1. Jeder von Ihnen spricht darüber, wie es ihm geht und was er sich vom Leben erhofft, und zwar so, als müsste er dies einem völlig Fremden erklären. Der andere hört aufmerksam zu.
2. Nach einer halben Stunde werden die Rollen getauscht.
3. Am Ende der Stunde hören Sie auf zu sprechen. Analysieren Sie das Gesagte nicht. Dieses Gespräch wird erst am Sonntag wieder aufgenommen.

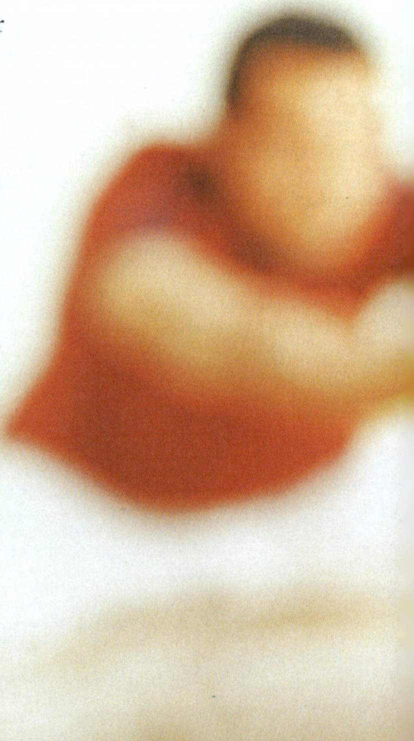

YOGA DER NÄHE

Yoga ist eine wunderbare Möglichkeit, Nähe und Verständnis zu fördern. Wörtlich übersetzt bedeutet es »Vereinigung«. Gemeinsam Yogaübungen zu machen verbindet tatsächlich. Die folgenden Übungen sind vor allem für Paare geeignet.

Nehmen Sie sich genügend Zeit dafür. Achten Sie auf die Empfindungen, die dabei aufsteigen – körperlich, geistig und seelisch. Nach den Übungen sprechen Sie darüber, wie es jedem von Ihnen dabei erging.

GEMEINSAM ATMEN

1. Setzen Sie sich mit gekreuzten Beinen Rücken an Rücken aneinander. Rücken Sie so eng zusammen, dass Sie sich gegenseitig stützen. Lehnen Sie sich richtig an Ihren Partner.
2. Machen Sie sich seinen Rücken bewusst. Wo berühren Sie ihn? Spüren Sie den Atem in Ihrem Rücken.

DIE DREHUNG

1. Setzen Sie sich mit gekreuzten Beinen einander gegenüber. Der Rücken bleibt gerade und entspannt. Die Knie berühren sich.
2. Blicken Sie einander in die Augen und atmen Sie gemeinsam drei Mal tief durch.
3. Nun legt jeder seine linke Hand mit dem Handrücken an den unteren Rücken etwa am Kreuzbein.
4. Neigen Sie sich jetzt nach links. Strecken Sie die rechte Hand aus und ergreifen Sie die Hand Ihres Partners hinter seinem Rücken. Beide Partner drehen den Kopf und sehen über die linke Schulter, also voneinander weg.
5. Halten Sie die Dehnung. (Wenn Sie sie verstärken wollen, lehnen Sie sich ein wenig zurück.)
6. Atmen Sie tief ein und drehen sie sich noch ein wenig weiter nach links. In dieser Position atmen Sie nun fünf Mal tief durch.
7. Lassen Sie gegenseitig Ihre Hände los und legen Sie sie wieder in den Schoß. Gehen Sie aus der Drehung und wenden Sie das Gesicht wieder dem Partner zu.
8. Wiederholen Sie Schritt 3–6 jetzt auf der anderen Seite.

DIE WIPPE

1. Setzen Sie sich auf dem Fußboden einander gegenüber. Spreizen Sie Ihre Beine so weit es geht und berühren Sie einander mit den Zehenspitzen.
2. Strecken Sie die Hände aus und fassen Sie den Arm des Partners am Ellbogen (bzw. am Handgelenk oder an den Händen).
3. Blicken Sie einander in die Augen und beginnen Sie, nach vorne und rückwärts zu schaukeln (wie beim Rudern).
4. Atmen Sie so synchron mit Ihrem Partner. Finden Sie einen Rhythmus, der beiden zusagt.
5. Machen Sie zehn Dehnungen und kehren Sie dann zur Ausgangsposition zurück. Schließen Sie die Augen und halten sie sich an den Händen. Bleiben Sie ein paar Minuten so sitzen.

Samstag OFFEN UND EHRLICH

Beginnen Sie den Tag mit einer Umarmung. Bleiben Sie im Bett und halten Sie sich gegenseitig im Arm, so lange Sie mögen. Beim Frühstück (im Bett oder in der Küche) schreibt jeder zehn Dinge auf, die er gern mit dem anderen machen würde. (Zeigen Sie die Liste nicht her, bevor Sie fertig sind.)

Dann wählt zuerst der eine, dann der andere etwas von der Liste des Partners aus, indem er einfach eine Zahl sagt. Und genau das tun Sie jetzt. Wenn das, was Ihr Partner sich wünscht, Ihnen unerträglich scheint, versuchen Sie einmal, sich zu öffnen. Machen Sie ihm oder ihr doch die Freude! Immerhin ist es etwas, was für Ihren Partner wichtig ist. (Vielleicht macht es ja sogar Spaß!)

SEXUALLEBEN

An diesem Abend bereiten Sie gemeinsam eine leichte Mahlzeit zu. Stellen Sie sich vor, Sie lassen all die Liebe, die Sie füreinander empfinden, ins Putzen, Schälen und Rühren einfließen.

Sex ist ein wichtiger Punkt in der Beziehung, doch die meisten Paare überlassen ihr Sexualleben mehr oder weniger

GUTE KOMMUNIKATION

Einige Grundregeln zur Vermeidung von Missverständnissen:

✦ *Sprechen Sie nur in Ruhe miteinander.*

✦ *Machen Sie klar, dass Sie über Ihre Gefühle und Gedanken sprechen: »Ich fühle mich (verletzt, verärgert, unsicher etc.), weil (hier folgt die Aussage oder Tat Ihres Partners).« So nicht: »Du bist ein selbstsüchtiger Bastard!«*

✦ *Seien Sie so detailliert wie möglich. Keine Verallgemeinerungen.*

✦ *Sprechen Sie klar aus, was Sie wirklich denken. Statt zu sagen: »Dein Freund Peter trinkt zu viel«, teilen Sie Ihrem Partner mit, dass Sie wütend sind, weil er mehr Zeit mit Peter verbringt als mit Ihnen.*

✦ *Schlagen Sie praktische Lösungen vor, wo immer es geht: »Wie wäre es, wenn du mit Peter und den Freunden von der Arbeit immer am Freitag weggehst, während wir für uns den Donnerstag reservieren?«*

dem Zufall. Nur wenige sprechen offen darüber, was sie gerne hätten. Sexualtherapeuten sagen, dass offene Kommunikation die Sexualität verändert. Fragen Sie einander also:

- ✦ Mache ich das, was du von mir möchtest?
- ✦ Was könnten wir ausprobieren?

Setzen Sie sich ruhig hin und sprechen Sie darüber. Wie oft hätten Sie gerne Sex? Wie wäre es noch schöner? Haben Sie Fantasien? Vielleicht gibt's ja manch Überraschung.

LIEBENDE MASSAGE

Am Abend massieren Sie sich gegenseitig. Liebevolle Berührung fördert jede Beziehung.

1. Sorgen Sie für ein warmes Zimmer und legen Sie Badetücher auf den Boden.

2. Zünden Sie drei Kerzen an. Rosa steht für Romantik, Gelb für Freundschaft und Rot für Leidenschaft. Geben Sie ein wenig Sandelholz oder Ylang Ylang in die Duftlampe.

3. Mischen Sie ein Massageöl aus 20 ml Mandelöl und je sechs Tropfen dieser beiden Duftessenzen.

4. Zuerst massieren Sie mit kreisförmigen Bewegungen den Rücken Ihres Partners. Gehen Sie rechts und links von der Wirbelsäule nach oben, um dann seitlich wieder nach unten zu wandern. Fragen Sie, ob der Druck angenehm ist.

5. Die harten Muskeln an Hals und Nacken nehmen Sie zwischen die Finger und massieren sie.

6. Weiche Regionen wie Hüften und Oberschenkel kneten Sie durch.

7. Andere Techniken sind: Ballen Sie die Fäuste und klopfen Sie sanft den Rücken weich. Formen Sie Ihre Hände zu Schalen und trommeln Sie auf dem Rücken des Partners.

8. Massieren Sie Schultern, Fußsohlen, Handinnenflächen und Brust mit kleinen, kreisförmigen Bewegungen, Arme und Beine aber in langen Strichen.

9. Seien Sie kreativ! Überlassen Sie sich ganz Ihren Händen. Solange Ihr Partner sich wohl fühlt, können Sie nichts falsch machen.

Sonntag DIE BINDUNG BEKRÄFTIGEN

Nehmen Sie gemeinsam eine erfrischende Dusche. Rosengeranienöl im Duschgel macht fröhlich und optimistisch. Dann suchen Sie sich wieder etwas aus Ihren Listen aus.

NACHMITTAGSSPIEL

Wissenschaftler haben herausgefunden, dass gemeinsames Spiel Paaren hilft, besser zu kommunizieren, die Bindung zwischen ihnen stärkt und Konflikten vorbeugen hilft. Ehen, in denen der Sinn fürs Spielerische abhanden kommt, gehen meist schnell kaputt. Also, heute Nachmittag ist Spaß angesagt:

✦ Erzählen Sie sich Kindheitsabenteuer. Holen Sie alte Fotoalben hervor und erinnern Sie sich.

✦ Finden Sie heraus, was Ihr Partner als Kind am liebsten gespielt hat. Kaufen Sie ihm dann das entsprechende Spielzeug zum Geburtstag.

✦ Sehen Sie sich einen Ihrer alten Lieblingsfilme an, einen Zeichentrickfilm vielleicht oder eine uralte Fernsehshow. Dazu gibt es Eis, Popcorn, Kartoffelchips und Limonade!

✦ Spielen Sie eine Ihrer Lieblingsszenen nach. Und bitte keine falsche Scham!

FREITAGABEND WIEDER AUFGELEGT

Wenn einer von Ihnen immer kocht, tritt jetzt der andere in Aktion und bereitet eine Mahlzeit zu. Versuchen Sie, etwas zu kochen, was Ihr Partner wirklich gerne isst (siehe Seite 152). Kochen Sie sonst nie, schrauben Sie Ihre Ansprüche besser ein wenig zurück. Anstrengen sollten Sie sich aber trotzdem. (Dieses Mal kein Fertiggericht aus der Mikrowelle!)

Nach dem Abendessen setzen Sie sich zusammen. Zünden Sie Kerzen an und geben Sie etwas Rosengeranienöl in die Duftlampe. Nun sprechen Sie über das, was Sie am Freitag entdeckt haben. Auch jetzt wechseln Sie sich beim Sprechen wieder ab und sind so ehrlich wie möglich.

Wenn Sie nicht wissen, wie Sie anfangen sollen, versuchen Sie es mit folgenden Fragen:

1. Haben Sie manchmal das Gefühl, zu gegnerischen Mannschaften zu gehören, wenn Sie Probleme zu lösen oder Entscheidungen zu treffen haben?

2. Streiten Sie je über Geld?

3. Wechseln Sie gerne das Thema, wenn das Gespräch unangenehme Dinge berührt (Sex, Treue, Geld, Eltern, Kinder)?

4. Können Sie einander auch Dinge offenbaren, die demütigend oder peinlich sind?

5. Wenn Sie sich einmal so richtig amüsieren wollen, nehmen Sie Ihre Freunde mit oder Ihren Partner?

6. Was funktioniert gut in Ihrer Beziehung? Was weniger?

7. Tut oder sagt Ihr Partner manchmal Dinge, die Sie wütend machen oder verletzen?

8. Hat einer von Ihnen etwas vor, das die Beziehung wesentlich erschweren würde?

9. Was haben Sie an diesem Wochenende über Ihren Partner gelernt?

10. Können Sie sich vorstellen, auch in zehn Jahren noch miteinander glücklich zu sein?

Sie können sich die Antworten auf diese Fragen gegenseitig mitteilen und Sie dann als Grundlage für ein offenes Gespräch nutzen.

SPIELEN SIE WEITER!

Abends im Bett erzählen Sie einander Geschichten oder machen gemeinsam Spiele. Löschen Sie das Licht und erzählen Sie sich abwechselnd Geistergeschichten. Machen Sie Schattenspiele mit einer Taschenlampe. Zeichnen Sie mit dem Finger Figuren auf den Rücken des Partners, die dieser erraten muss.

FÜR DIE SEELE

Alles ins Lot bringen

Lieben Sie Ihr Leben? Sind Sie glücklich in Ihrem Beruf, Ihrem Zuhause, Ihrer Partnerschaft? Oder finden Sie, ein Großreinemachen sei angebracht? Wenn Sie das Gefühl haben, dass Ihr Leben einmal entrümpelt werden müsste, dann ist dieses Wochenende genau das Richtige für Sie. Schluss mit Spinnweben und altem Gerümpel! Bringen Sie frischen Wind in Ihr Leben.

DAS WIRD GEBRAUCHT:

- *Kerzen (rote, gelbe oder grüne)*
- *Duftlampe und ätherische Öle (Wacholder oder Zitrone)*
- *Papier und Farbstifte*
- *große Müllbeutel und/oder Schachteln*

Freitagabend **LEBENSBILANZ**

Zünden Sie eine Kerze an. (Gelb steht für Optimismus, Rot für Dynamik, Grün für Ausgeglichenheit und Neubeginn). Geben Sie ein wenig Wacholder- oder Zitronenöl in die Duftlampe. Das bringt Zuversicht und gute Laune. Besorgen Sie sich eine große Flasche Mineralwasser oder trinken Sie ein Glas Wein. Dann schreiben Sie die folgenden Fragen auf ein Blatt Papier, die Antworten auf ein anderes.

✦ Arbeit: Was genau tun Sie? (Ganz exakt bitte.) Welche Menschen treffen Sie dabei (täglich und gelegentlich)? Wo arbeiten Sie? An einem Ort oder an mehreren?

✦ Heim: Wo leben Sie? Was tun Sie, wenn Sie zu Hause sind? Wie viel Zeit verbringen Sie zu Hause? Welche Menschen sehen Sie dort (Mitbewohner oder Besucher)?

✦ Familie: Wer ist Ihre Familie? Wer lebt bei Ihnen, wer nicht? Was unternehmen Sie zusammen?

✦ Freunde: Wer sind sie? Was unternehmen Sie mit ihnen?

✦ Hobbys: Welche Hobbys haben Sie? Wann, wo und mit wem üben Sie diese aus?

✦ Spiritualität: Woran glauben Sie? Suchen Sie zur Andacht einen bestimmten Ort auf? Meditieren oder beten Sie?

Nun unterstreichen Sie alles, was in Ihrem Leben gut funktioniert, mit einem grünen Stift, alles, was erträglich ist, mit einem orangefarbenen. Für alles, was Sie wirklich schrecklich finden, nehmen Sie einen roten Stift. Seien Sie absolut ehrlich, niemand außer Ihnen selbst bekommt diese Liste zu Gesicht. Und wahrscheinlich sind Sie von den Ergebnissen eher überrascht. Manchmal nämlich ist es keineswegs die ganze Situation, die wir am liebsten ändern würden, sondern nur einzelne Aspekte.

Legen Sie die Liste heute Nacht unter Ihr Kopfkissen, dann kann Ihr Unbewusstes im Schlaf kreative Lösungen für so manches Problem finden. Notizblock und Stift sollten immer auf dem Nachttisch liegen, falls die Inspiration Sie mitten in der Nacht überfällt und Sie etwas aufschreiben möchten, bevor Sie es vergessen.

WENN NUN EIN WUNDER GESCHÄHE ...

Bleibt Ihnen an diesem Abend nicht mehr genügend Zeit für diese Übung, dann machen Sie sie am Samstag oder Sonntag. Setzen Sie sich hin und stellen Sie sich folgende Fragen (oder bitten Sie einen Freund, dies zu tun):

1. Wenn nun über Nacht ein Wunder geschähe und all Ihre Probleme sich lösen würden, wie würde sich das bemerkbar machen? Wenn alles, was Ihnen dazu einfällt, sich so anhört: »Ich wäre nicht mehr niedergeschlagen« oder »Ich hätte im Lotto gewonnen«, dann versuchen Sie doch, etwas tiefer zu gehen. Wie würden Sie sich fühlen?

2. Was würden Sie tun? (Möglichst genau.)

3. Was würden Ihre Freunde und Angehörigen tun?

4. Woher würden sie wissen, dass ein Wunder geschehen ist? Welche Veränderungen würden sie an Ihnen feststellen?

5. Welche Teile des Wunders sind schon in Gang?

6. Was haben Sie dazu getan? Können Sie etwa noch mehr tun?

7. Was aus Ihrem jetzigen Leben würden Sie beibehalten?

8. Wenn Sie Ihr Leben auf einer Skala von 0 bis 10 einordnen müssten, wobei 0 der schrecklichste Tag in Ihrem Leben und 10 der Tag nach dem Wunder wäre, welchen Wert würden Sie wählen?

9. Wenn Sie nun bei 4 stünden, wie könnten Sie zur 5 gelangen? Was würden Sie anders machen als jetzt?

10. Wie würden Ihre Freunde und Angehörigen erfahren, dass Sie nun einen Punkt mehr auf der Glücksleiter erreicht haben?

Diese Fragen scheinen simpel, aber sie sind ganz auf Ihr Denken und Verhalten ausgerichtet, auf Bereiche also, die Sie ändern können. Wenn Sie zum Beispiel sagen, Sie wären weniger deprimiert, entspannter und glücklicher, wie würde sich dies zeigen? Würden Sie mehr mit den Kindern spielen? Ihre Eltern öfter anrufen? Früher aufstehen? All das liegt auch jetzt schon in Ihrer Macht.

Samstag GROSSREINEMACHEN

Halten Sie am Morgen alle Gedanken fest, die Ihnen nachts gekommen sind. Diesen Morgen gibt es nämlich die große Entrümpelungsaktion im Haus. Vielleicht werden Sie an einem Wochenende gar nicht fertig, dann nehmen Sie sich jede Woche eine Stunde dafür Zeit.

Nehmen Sie ein leichtes Frühstück zu sich. Ziehen Sie alte Sachen an und besorgen Sie sich ein paar Müllbeutel oder große Schachteln. Legen Sie Musik auf und geben Sie ein paar Tropfen Zitrone oder Wacholder in die Duftlampe. Und dann los: keine Gnade!

✦ Alte Arzneimittel, Kosmetika, Nahrungsmittel fliegen raus. Sie sind nicht gut für Sie.

✦ Räumen Sie ein paar Bücher und Schallplatten auf den Speicher. Wenn Sie sie brauchen, sind sie ja in Reichweite.

✦ Zeitungen und Zeitschriften kommen ins Altpapier. Schneiden Sie aus, was Sie wirklich brauchen und bewahren Sie es in einem extra Ordner auf.

✦ Alte Sachen zum Anziehen geben Sie zur Altkleidersammlung. Handelt es sich um ein Familienerbstück, dann schenken Sie es einem anderen Familienmitglied. Findet sich kein Abnehmer, dann wird es eben verkauft.

DAS RICHTIGE KÖRPERTRAINING

Essen Sie herzhaft zu Mittag. Nachmittags tun Sie etwas für Ihren Körper. Doch verschwenden Sie keine Zeit mit dem falschen Training. Mögen Sie die Sportart, die Sie sich ausgesucht haben? Oder gibt es vielleicht etwas Besseres für Sie?

Was möchten Sie mit Ihrem Training erreichen? Weshalb sollten Sie stundenlang laufen, wenn Sie die Armmuskulatur aufbauen wollen? Wollen Sie abnehmen, dann entscheiden Sie sich für intensive Betätigungen wie Laufen, Treppensteigen, Aerobic und schnelles Radfahren kombiniert mit Krafttraining. Stressabbau erreichen Sie eher mit Yoga, Tai Chi oder Boxen. Wollen Sie einfach Ihre Fitness steigern, dann versuchen Sie es mit Ausdauertraining: langsames Aerobic, Schwimmen und Walking.

VERÄNDERUNGEN, DIE WIRKLICH NÜTZEN

Bereiten Sie sich ein leckeres Abendessen zu, das auch die Seele nährt. Suppe und Vollkornbrot, dazu als Vitaminbombe einen Fruchtsalat. Dann holen Sie Ihren Stift hervor und suchen sich eine bequeme Ecke.

Gehen Sie die Liste vom letzten Abend durch. Was können Sie verändern, was Ihnen wirklich helfen würde? Mögen Sie Ihre Hobbys wirklich? Lernen Sie eine neue Sprache, weil Sie sie super finden oder weil Sie damit auf Partys Eindruck schinden können? Kochen Sie sich ein Gourmet-Abendessen, wenn Sie in Wirklichkeit am liebsten mit einem Fertiggericht auf dem Sofa herumlümmeln würden? Tun Sie nur, was Ihnen wirklich gefällt und was Sie tief in Ihrem Inneren brauchen.

Treffen Sie sich immer noch mit Menschen, die Sie eigentlich langweilen, und haben keine Zeit, andere zu sehen, die Ihnen wichtig sind? Seien Sie ein wenig brutal und verlieren Sie einfach ein paar Seiten Ihres Adressbuches.

Wenn Zeit für Sie ein Problem ist, beugen Sie vor. Entscheiden Sie sich: Wen wollen Sie sehen und wann? Reservieren Sie sich Zeit für Freunde, Training oder Hobbys und nehmen Sie diese Verabredungen so ernst wie geschäftliche Termine.

Sie werden sehen, dass sich auf diese Weise viele Dinge von selbst lösen. Gibt es bei Ihnen allerdings besonders hartnäckige Probleme, dann legen Sie die Liste noch einmal unters Kopfkissen und bitten Ihr Unbewusstes um Führung.

Sonntag MEHR ENERGIE IM EIGENEN HEIM

Heute Morgen räumen Sie Ihr Haus so um, dass es den Grundsätzen des Feng Shui, der chinesischen Raumkunst, entspricht und damit mehr Energie schenkt.

✦ Gehen Sie durch Ihr Haus, als sähen Sie es zum ersten Mal. Welchen Eindruck haben Sie? Welche Räume sind in Ordnung, welche nicht?

✦ Machen Sie einen Chaos-Test. Das Chaos entzieht Ihnen Energie. Entrümpeln Sie also großzügig.

✦ Die Energie kommt durch die Eingangstür ins Haus. Achten Sie darauf, sie willkommen zu heißen und ihr geräumige, helle Räume anzubieten. Damit die Energie ohne Blockaden eintreten kann, sollte die Tür sich in die Wohnung öffnen. Der Flur sollte hell, freundlich und ausreichend beleuchtet sein.

✦ Vermeiden Sie lange Korridore. Wenn ein Flur mit einer nackten Wand endet, sollten Sie dort einen Spiegel anbringen. Eine Reihe von Türen sollte durch ein Windspiel oder einen hängenden Kristall aufgelockert werden.

✦ Die Energie sollte leicht und langsam fließen können, wird jedoch häufig durch Hindernisse abgelenkt. Vermeiden Sie also vorstehende Möbel und scharfe Ecken im Flur. Wenn das Chi eines Raumes blockiert ist, macht sich dies gewöhnlich in der Beziehung und in den Finanzen seiner Bewohner bemerkbar. Mit Spiegeln an den richtigen Stellen können Sie diesen Effekt wieder ausgleichen.

✦ In dunklen, kaum genutzten Ecken staut sich die Energie. Daher sollten alle Räume gut beleuchtet sein und regelmäßig genutzt werden. Räume, die selten betreten werden, müssen sauber und frei von Staub bleiben.

✦ Sonnenlicht fördert den Energiefluss. Daher sollte das Heim so viel Sonnenlicht wie möglich in sich aufnehmen können.

✦ Leben, Bewegung und Klang fördern gesunde Energien. Lassen Sie daher Windspiele im Zug hängen und schmücken Sie Ihr Heim mit gesunden Pflanzen. Auch Fische in einem gluckernden Aquarium und Zimmerbrunnen sind schön.

IHR »INNERER SATZ«

Arbeit ist häufig ein heikles Thema. Wir müssen arbeiten (zumindest die meisten von uns), doch viele Menschen leiden darunter. Wenn die Übungen dieses Wochenendes in Ihnen Zweifel an Ihrem Berufsleben geweckt haben, dann suchen Sie nach Ihrem »*inneren Satz*«, der »Ihr Herz wirklich zum Singen bringt«. Vielleicht entdecken Sie ja, dass Sie nur Ihre Einstellung ändern müssen wie der Vertreter, der seine Energie aus der Tatsache bezog, dass er kein festes Einkommen hatte. Sobald er fest angestellt wurde, war er todunglücklich.

Wenn möglich sollten Sie jemand anderen bitten, das niederzuschreiben, worauf Sie besonderen Wert legen und was Sie mehrfach wiederholen. Wenn Sie allein arbeiten, nehmen Sie sich mit einem Kassettenrekorder auf.

1. Suchen Sie zuerst nach einer glücklichen Kindheitserinnerung. Was taten Sie? Was war so besonders daran? Wie fühlten Sie sich? War jemand bei Ihnen? Was hat Ihnen daran am besten gefallen? Schreiben Sie alle Schlüsselwörter und -sätze auf.

2. Denken Sie an eine gute Zeit in Ihrem Leben. Stellen Sie sich dieselben Fragen wie zuvor und schreiben Sie auch jetzt die wichtigsten Dinge auf.

3. Diesen Prozess wiederholen Sie nun mit folgenden Themen: ein Hobby oder eine andere Freizeitbeschäftigung; eine besonders schöne berufliche Erfahrung; ein Augenblick, in dem Sie sich vollkommen ganz fühlten.

4. Schreiben Sie nun die wichtigsten Schlüsselwörter und -sätze auf ein Blatt Papier. Was wiederholt sich? Gibt es ein Muster? Welche von diesen Einstellungen oder Geschehnissen sind für Sie besonders wichtig? Wenn Sie nur drei oder vier von diesen Wörtern für sich behalten dürften, welche wären es?

5. Versuchen Sie, daraus einen richtigen Satz zu formen. Wenn Sie das Richtige erwischt haben, werden Sie das sofort spüren – es gibt Menschen, die dabei lachen oder weinen. Spielen Sie so lange herum, bis Ihr »innerer Satz« steht.

FÜR DIE SEELE

Raus aus dem Trott

Manchmal betrachten wir unser Leben und empfinden es als puren Trott. Tag für Tag das Gleiche und dies schon seit einer Ewigkeit. Die Langeweile starrt uns an, Abgestumpftheit bemächtigt sich unserer Seele. Wir müssen unser Leben umkrempeln, wenn wir es weiterhin genießen wollen. Das geht natürlich nicht an einem Wochenende, doch diese wenigen Tage sind ein guter Anfang. Denn in diesem Kurzprogramm lernen Sie, Ihre Wahrnehmung in Frage zu stellen und Ihr Bewusstsein zu erweitern.

DAS WIRD GEBRAUCHT:

- *Essen und Trinken, und zwar Nahrungsmittel, die Sie normalerweise nicht essen*
- *ätherische Öle: Zirbelkiefer oder Zitrone*
- *eine grüne Kerze*
- *Papier und Stifte, Malfarben, Farbkreiden*
- *Bach-Blüten: Walnuss (Walnut)*

Freitagabend VON VORN ANFANGEN

Heute Abend werden Sie viel Denk- und Schreibarbeit leisten, kochen Sie also etwas Schlichtes. Welche der folgenden Speisen würden Sie normalerweise nicht ausprobieren: Hamburger mit Pommes; chinesisches oder indisches Essen zum Mitnehmen; ein Falafel-Sandwich; Misosuppe, ein Tofugericht? Suchen Sie etwas aus, das Sie noch nie oder nur selten gegessen haben.

NACHDENKEN ÜBER DEN ALLTAGSTROTT

1. Zünden Sie eine grüne Kerze an, die für den Neustart steht. Geben Sie Zirbelkiefern- oder Zitronenöl in die Duftlampe.
2. Schreiben Sie nun auf, wie Sie momentan Ihr Leben zubringen. Was tun Sie jeden Tag? Seien Sie exakt: Stehen Sie immer in derselben Weise auf? Was frühstücken Sie? Wie kommen Sie zur Arbeit? Und so weiter.
3. Machen Sie bestimmte Dinge immer an bestimmten Tagen, Ferien immer zur gleichen Zeit im Jahr? Steckt Ihr Leben voller Routine?
4. Wie fühlen Sie sich dabei? Ist Routine für Sie tröstlich, oder fühlen Sie sich eher eingeengt? Manchmal ist das gar nicht so leicht festzustellen, wenn Sie Ihren Alltag nicht ändern. An diesem Wochenende werden Sie Abläufe verändern, wo immer es möglich ist. Das mag sich etwas zwanghaft anhören, ist aber unbedingt nötig. Manchmal bewirkt schon eine kleine Veränderung einen deutlichen Perspektivenwechsel und eröffnet neue Ausblicke. Spielen Sie ruhig damit.
5. Schreiben Sie nun neben jedem Punkt, den Sie auf Ihrem Blatt festgehalten haben, etwas völlig Neues, das Sie tun können: Zum Beispiel auf dem Weg zur Arbeit ein Croissant kaufen oder frischen Fruchtsalat zum Frühstück essen.
6. Gehen Sie Ihren Tagesablauf durch und beschließen Sie, an diesem Wochenende alles, was möglich ist, zu verändern.

WUNSCHDENKEN

Nehmen Sie einen großen Bogen Papier und schreiben Sie mindestens 100 Dinge auf, die Sie in Ihrem Leben wirklich gerne tun würden. Es können ganz unbedeutende Verrichtungen sein wie etwa Räucherstäbchen kaufen oder zu einem bestimmten Friseur gehen. Wünsche mittlerer Größenordnung wären: sich mit Tarot beschäftigen, Französisch lernen. Und dann gibt es noch die ganz großen Lebensentscheidungen: sich selbstständig machen, um die Welt reisen, einen Roman schreiben, in ein anderes Land gehen.

Am Ende dieses Wochenendes wählen Sie einen Punkt aus, den Sie ganz sicher am nächsten Wochenende verwirklichen. Unterstreichen Sie alles, was Sie in die Tat umsetzen wollen. Setzen Sie sich einen Zeitrahmen. Überlegen Sie, was Sie tun können, um langfristige Ziele zu verwirklichen. So könnten Sie jede Woche einen kleinen Betrag für Ihre Weltreise sparen. Oder sich Fachkenntnisse für Ihr künftiges Unternehmen aneignen.

Samstag NEUE PERSPEKTIVEN

Bevor Sie aufstehen, ändern Sie Ihre morgendliche Routine. Wenn Sie gewöhnlich mit den Hühnern aufstehen, bleiben Sie dieses Mal liegen. Wie ist es, sich so zu entspannen? Wenn Sie ein Langschläfer sind, stellen Sie den Wecker auf sechs Uhr morgens und lauschen den Vögeln. Bereiten Sie sich darauf vor, Ihren Trott auch tagsüber zu durchbrechen.

Verlassen Sie das Haus und unternehmen Sie etwas. Seien Sie spontan. Wenn Sie normalerweise mit dem Auto fahren, nehmen Sie heute den Bus. Und mittags gibt es nicht das übliche Sandwich, sondern ein leckeres Menü in einem edlen Restaurant. Essen Sie gewöhnlich allein, dann laden Sie heute jemanden ein. Seien Sie offen und erfinderisch. Auch am Abend unternehmen Sie etwas, was Ihnen nicht im Traum einfallen würde: ein klassisches Konzert, ein Salsa-Abend, ein Spaziergang im Mondlicht. Oder Sie bleiben zu Hause und verwöhnen sich (Tipps finden Sie beim Wochenende für die Schönheit). Schalten Sie den Fernseher aus (oder an, falls Sie gewöhnlich nicht fernsehen). Egal, was Sie tun, es sollte sich nur von Ihrem Alltag unterscheiden.

DAS HOLZELEMENT AUSGLEICHEN

Die chinesische Philosophie betrachtet den Körper als Mischung aus fünf Elementen. Kreativität und Selbstausdruck werden dem Element Holz zugeordnet. Ist diese Kraft in unserem Körper ausgeglichen, sind wir kreativ, flexibel, mutig und entscheidungsfreudig. Die folgenden einfachen Übungen bringen das Holzelement ins Gleichgewicht:

1. Setzen Sie sich mit gespreizten Beinen auf den Boden. Greifen Sie nun nach Ihrem linken Fuß, wobei Sie den Blick auf den rechten Fuß richten. Genießen Sie die Dehnung. Dann wiederholen Sie das Gleiche auf der anderen Seite.

2. Stellen Sie sich mit leicht gespreizten Beinen hin. Lassen Sie Ihre Arme einige Minuten lang seitlich schwingen. Spüren Sie den Luftzug. Seien Sie so entspannt wie möglich.

3. Legen Sie sich auf den Rücken. Bitten Sie einen Freund, Ihre Schulter- und Hüftgelenke kreisen zu lassen. Die Person sollte mit einer Hand sanft Ihren Arm oder Ihr Bein anheben und mit der anderen das Gelenk stützen. Ist das Gelenk unbeweglich, dann lockert man es, indem man vorsichtig daran zieht und die Dehnung einige Minuten lang hält. Alles, was Ihr Freund tut, sollte sich für Sie gut anfühlen.

4. Auch Yoga- oder Stretchingübungen stärken das Holzelement. Probieren Sie den Sonnen- und den Mondgruß auf den Seiten 148–151 aus.

DIE ENERGIE EINES STEINES FÜHLEN

Gehen Sie in den Garten, den Park oder in die freie Natur und suchen Sie sich einen Stein, der Sie »anspricht«. Sie werden es wissen, wenn Sie ihn gefunden haben. Heben Sie ihn auf und setzen Sie sich an einen ruhigen Ort. Erforschen Sie ihn mit Fingern und Händen. Halten Sie ihn ans Gesicht. Riechen Sie daran, betrachten Sie ihn eingehend, schmecken Sie ihn, bis Sie ihn wirklich gut kennen. Nun stellen Sie sich vor, dieser Stein zu SEIN. Wie ist das? Welche Energie spüren Sie? Lassen Sie sich für diese Übung Zeit. Zur Energie eines Steins gehören Zeit und Geduld.

Sonntag DIE WELT MIT ANDEREN AUGEN SEHEN

Wie sieht Ihr spirituelles Leben aus? Widmen Sie sich regelmäßig einer spirituellen Praxis? Diesen Vormittag werden Sie Ihren spirituellen Blickwinkel erweitern. Beten Sie regelmäßig? Wie wäre es, wenn Sie dies mal an einem anderen Ort tun? Oder mit Menschen eines anderen Glaubens?

Wenn Sie keiner Glaubensgemeinschaft angehören, denken Sie heute einmal über Ihre Beziehung zum Göttlichen nach. Wenn Sie eine Abneigung gegen Kirchen, Synagogen und Moscheen haben, fragen Sie sich doch mal weshalb. Gehen Sie doch einfach hin. Lassen Sie den Ort auf sich wirken.

EINE SCHWIERIGE BEZIEHUNG UMWANDELN

Ebenso schnell wie wir manchmal gesundheitsschädliche Gewohnheiten annehmen, verhärten sich die Fronten in Beziehungen zu anderen Menschen. Heute sollten Sie diese negative Routine einmal durchbrechen. Denken Sie an jemanden, mit dem Sie eine komplizierte Beziehung verbindet.

1. Setzen oder legen Sie sich ruhig hin. Atmen Sie tief durch.

2. Schreiben Sie Ihre Gründe für dieses schlechte Verhältnis auf. Lassen Sie all Ihren Ärger einfließen.

3. Stellen Sie zwei Stühle in den Raum. Setzen Sie sich auf den einen, den anderen nimmt im Geiste Ihr »Widersacher« ein. Nun sagen Sie ihm, warum Sie ihn oder sie so schwierig finden.

4. Setzen Sie sich jetzt auf den anderen Stuhl. Nun sind Sie die andere Person. Weshalb findet sie Ihre Person so kompliziert? Schlüpfen Sie in ihre Haut, sagen Sie, was Sie denken.

5. Sie wechseln so lange von einem Stuhl zum anderen, bis sie beide Seiten verstehen. Versuchen Sie zu akzeptieren, dass jede Meinungsverschiedenheit zwei gleichberechtigte Standpunkte voraussetzt. Die Menschen sind nun mal verschieden!

6. Nun verbrennen Sie das Papier mit Ihren Gründen.

7. Schenken Sie der betroffenen Person unbedingte Liebe. Das mag schwierig sein, ist aber für eine wirkliche Wandlung absolut notwendig.

BRAIN GYM

Gehirnknöpfe und *Bauchatmen* sind Übungen aus der Pädagogischen Kinesiologie. Sie helfen Ihnen, Ihr Denken wieder zu beleben und die Welt neu zu sehen.

GEHIRNKNÖPFE

Diese Übung stimuliert die Halsarterie (Karotis), die das Gehirn mit frischem, sauerstoffreichem Blut versorgt. Sie sorgt dafür, dass das Gehirn bestimmte Botschaften aus dem Körper erhält und verbessert daher alles, was mit Schreiben, Lesen, Sprechen und dem Umsetzen von Anweisungen zu tun hat.

1. Legen Sie eine Hand über Ihren Nabel.

2. Mit dem Daumen und den Fingern der anderen Hand ertasten Sie die beiden Vertiefungen unterhalb des Schlüsselbeins, die je 2,5 cm von der Halsmitte liegen. Massieren Sie diese Vertiefungen zwischen 30 und 60 Sekunden lang, während Sie gleichzeitig den Kopf von rechts nach links drehen.

BAUCHATMEN

Damit versorgen Sie den ganzen Körper mit mehr Sauerstoff. Das Zentralnervensystem lässt locker, während gleichzeitig Ihr Energieniveau steigt. Damit steigern Sie die Fähigkeit zu sprechen und zu lesen.

1. Legen Sie Ihre Hände auf den Unterbauch. Atmen Sie in kleinen Stößen durch den Mund aus, als müssten Sie eine Feder in der Luft halten, bis Ihre Lungen völlig leer sind.

2. Atmen Sie tief durch die Nase ein. Füllen Sie Ihren Bauch wie einen Luftballon. (Wenn Sie sich nach vorne beugen, hat noch mehr Luft Platz.)

3. Atmen Sie langsam und vollständig durch den Mund aus.

4. Wiederholen Sie Ein- und Ausatmen in natürlichem Rhythmus für drei oder mehr Atemzüge.

Dritter Teil Ein Wochenende für den Geist

Hat das Spirituelle noch einen Platz in unserem Leben? Nur wenige Menschen nehmen sich wochentags Zeit für spirituelle Übungen. Der Alltag frisst uns quasi auf. Und am Abend sind wir zu müde, um zu meditieren oder etwas zu tun, was uns bewusster leben lässt. Wir lümmeln uns vor dem Fernseher und basta.

Doch widmen Sie sich ein Wochenende lang versuchsweise einmal Ihrer geistigen Seite, dann finden Sie vielleicht sogar Geschmack daran. In diesem Kapitel werden Sie sich mit verschiedenen Möglichkeiten befassen, wie Sie Ihrem Innenleben näher kommen können, ohne gleich einer neuen Religion beitreten zu müssen. Ein Wochenende hat die Entwicklung von mehr Achtsamkeit zum Ziel. Gleichzeitig werden Sie bei diesem Programm einige wichtige spirituelle Grund-

vorstellungen kennen lernen. Wenn Sie also immer schon wissen wollten, was ein Chakra ist oder wie das mit der Aura funktioniert, dann ist dieses Wochenende genau richtig für Sie! Ich persönlich glaube, dass jeder einmal eine Aus-Zeit braucht. Diese verschaffen wir uns im »Rückzug von der Welt«.

An den letzten beiden Wochenenden lernen Sie zwei spirituelle Traditionen kennen, die in letzter Zeit viele Freunde gewonnen haben. »Der Weg der Schamanen« führt Sie in die Welt der schamanischen Reise ein, auf der Sie geistige Führer und Krafttiere kennen lernen können. Das Kabbala-Wochenende dagegen eröffnet Ihnen die Wunder dieser alten mystischen Tradition und macht Sie bekannt mit dem Baum des Lebens, dem inneren Tempel und den Tarotkarten.

Dieses Kapitel zeigt Ihnen den Weg zu tief greifenden inneren Prozessen, die Ihr Leben verändern können, vor allem, wenn Sie sie zu einem Teil Ihres Alltags machen. Und Sie werden sehen, dass Seele und Geist auch im Alltagsleben Ihren Platz haben.

FÜR DEN GEIST

Rückzug von der Welt

Manchmal ist es einfach nur nötig, dass wir einen Schritt zurücktreten, einen Blick in unser Inneres werfen und den Kontakt zu unserer Seele erneuern. Zu diesem Zweck müssen wir keineswegs Tausende von Euro ausgeben oder Hunderte Kilometer reisen. Stattdessen verwandeln wir unser Heim in unser ureigenstes Heiligtum. Für ein solches Retreat-Wochenende gibt es keine exakt zu befolgenden Vorschriften. Hören Sie auf Ihre innere Stimme und betrachten Sie das Folgende schlicht als Vorschlag. Sie können nichts falsch machen!

DAS WIRD GEBRAUCHT:

- ***etwas zu essen (siehe Seite 93)***
- ***Kerzen, Ihre liebsten Duftöle, Weihrauch***
- ***inspirierende Bücher und Musik (falls gewünscht)***
- ***bequeme Kleidung***
- ***Papier, Farben, Tagebuch, Stifte***

Freitagabend GESTALTEN SIE IHR HEILIGTUM

Schalten Sie an diesem Abend bereits einen Gang herunter und bereiten Sie sich vor. Sorgen Sie dafür, dass Sie allein sind. Bitten Sie Ihre Familie und Freunde, Sie nicht zu stören. Sprechen Sie eine Ansage auf Ihren Anrufbeantworter und hängen Sie ein großes Schild an Ihre Tür: BITTE NICHT STÖREN! Sorgen Sie dafür, dass Sie alles, was Sie brauchen, zur Hand haben.

SCHAFFEN SIE SICH IHREN RÜCKZUGSORT

Zum Beispiel so:

✦ Befreien Sie Ihren Raum von Überflüssigem (siehe Seite 76).

✦ Säubern Sie ihn mit natürlichen Putzmitteln. Geben Sie ein paar Tropfen ätherische Öle ins Putzwasser. Das sorgt für Duft und gute Laune.

✦ Alles, was Sie ablenkt, verschwindet für dieses Wochenende: Fernseher, Radio, Computer, Arbeit etc.

✦ Machen Sie es sich bequem: Kissen, eine Decke, ein Meditationshocker oder eine Yogamatte sowie ein Sessel zum Hineinkuscheln.

✦ Wollen Sie vollkommene Stille oder ein wenig wohl ausgewählte Musik? (Sorgen Sie dafür, dass alles bereit liegt.)

✦ Suchen Sie ein paar inspirierende Bücher aus.

✦ Kerzen schenken weiches Licht und bringen das feurige Element ins Spiel. Nehmen Sie Ihre Lieblingsduftöle und besonders feinen Weihrauch mit an Ihren Rückzugsort. Umgeben Sie sich mit Dingen, die Sie lieben.

ABENDESSEN

Nehmen Sie etwas Leichtes, aber Nahrhaftes zu sich. Ideen finden Sie auf der gegenüberliegenden Seite. Essen Sie achtsam: Danken Sie für das, was Ihnen beschert wurde. Verzehren Sie jeden Bissen bewusst. Essen Sie still, ohne sich von Musik oder einem Buch ablenken zu lassen.

WAS IST IHR ZIEL?

Nach dem Abendessen begeben Sie sich in Ihr Heiligtum und denken darüber nach, was dieses Wochenende Ihnen bringen soll. Machen Sie sich klar, dass dies Zeit für SIE ist – eine heilige Zeit, die Ihrem Wohlbefinden dient. Zünden Sie bewusst eine Kerze an, während Sie sich auf Ihre Wünsche konzentrieren:

✦ Was brauche ich an diesem Punkt meines Lebens am meisten?
✦ Was bedeutet dieser Rückzug für mich?
✦ Weckt er Ängste in mir? Welche?
✦ Welche Hoffnungen verbinde ich damit?
✦ Welche Fragen möchte ich mir an diesem Wochenende stellen?

ERNÄHRUNG WÄHREND DES RÜCKZUGS

In dieser Situation brauchen Sie ausgeglichene, leicht verdauliche Nahrung, die nicht zu sehr stimuliert, aber auch nicht fade schmeckt. Ein guter Wegweiser ist hier die Makrobiotik. Wählen Sie also aus folgender Liste aus: ganze Körner • Bohnen und Hülsenfrüchte • Gemüse und Früchte, auch Algen wie Dulse, Wakame etc. • Nüsse und Samen • Tofu, Tempeh und Miso.

Bereiten Sie alles möglichst einfach zu, damit Sie nicht zu viel Zeit aufs Kochen verwenden müssen: Suppen • Reis und gedämpftes Gemüse, im Sommer • Salat mit Nüssen und Samen, im Winter • Eintöpfe und Aufläufe • Fruchtsalat, Obst- und Gemüsesäfte.

Samstag FOLGEN SIE IHRER INNEREN STIMME

Heute gibt es keine festen Regeln. Lassen Sie sich von Ihrem Innersten leiten. Folgendes hat sich bei Retreats als nützlich erwiesen:

- ✦ Essen Sie drei Mal am Tag etwas Gesundes. Sie müssen nicht fasten. Wenn wir hungrig sind, denken wir ja doch nur ans Essen.
- ✦ Früh ins Bett und früh aufstehen ist sinnvoll.
- ✦ Widmen Sie sich tagsüber der Meditation und/oder Kontemplation.
- ✦ Auch Atemübungen, Yoga, Qigong oder Tai Chi sind nicht schlecht. (Siehe die anderen Kurzprogramme.)
- ✦ Problemen können Sie sich mit Malen, Schreiben, Chanten oder Tanzen nähern.
- ✦ Gedanken, Bilder, Träume halten Sie in Ihrem Tagebuch fest.
- ✦ Wenn möglich halten Sie sich in der freien Natur auf: ruhiges Gehen, Meditieren, Yoga oder einfach nur Dasitzen.
- ✦ Stopfen Sie den Tag nicht zu voll.

MALEN SIE IHR INNERES SELBST

Malen, Zeichnen oder das Modellieren mit Ton eignet sich ideal, um sich selbst besser kennen zu lernen. Sie müssen nicht »richtig« zeichnen oder »schön« malen. Kunst setzt viele unbewusste Impulse frei und kann Ihnen unverhoffte Antworten bescheren.

Sie brauchen einen Ort, an dem Sie ruhigen Gewissens kleckern können. Bedecken Sie eine ganze Wand mit Papier und legen Sie auch den Boden damit aus. Sie können auch an einem Tisch arbeiten. Nehmen Sie möglichst große Papierbögen. Es können auch alte Zeitungen sein. Die Farben müssen Sie vorher auswählen. Plakatfarbe ist gut für Anfänger.

1. Gehen Sie einen Augenblick in sich. Atmen Sie tief durch. Versuchen Sie es mit der Bauchatmung von Seite 19.

2. Betrachten Sie nun die Farben, Pinsel, Papierbögen. Welcher Pinsel zieht Sie an? Welche Farbe? Machen Sie Ihre ersten Zeichen auf das Papier.

3. Wenn Ihnen ein bestimmtes Bild einfällt, geben Sie es wieder, wie es Ihnen gefällt. Sie können auch nur Farbspritzer benutzen. Keine Angst! Was Sie auch zu Papier bringen ist in Ordnung.
4. Wenn Ihnen gar nichts einfällt, versuchen Sie es so: Malen Sie mit Ihrer nicht-dominanten Hand. Oder mit geschlossenen Augen. Malen Sie zum Rhythmus von Musik.
5. Lassen Sie Ihren Gefühlen freien Lauf. Vielleicht malen Sie lieber mit den Fingern? Oder zerreißen das Papier? Vielleicht aber machen Sie auch ein ganz kleines Bild in einer einzigen Farbe.
6. Wenn Sie Emotionen aufsteigen fühlen, lassen Sie ihnen Raum. Weinen Sie, schreien Sie, hämmern Sie auf die Wand (oder ein Kissen) ein.
7. Wenn Sie das Gefühl haben, fertig zu sein, machen Sie Pause. Trinken Sie eine Tasse Kräutertee. Kochen Sie oder gehen Sie spazieren.
8. Dann kehren Sie zu Ihrem Bild zurück. Was sagt es Ihnen? Halten Sie Ihre Gedanken im Tagebuch fest. Wenn Sie Ihrem Bild einen Namen geben sollten, welchen würden Sie wählen? Wenn es eine Botschaft für Sie hätte, was würde es sagen?

DAS MANDALA IHRES LEBENS

✦ *Ziehen Sie einen großen Kreis auf dem Papier und legen Sie ein Foto von sich in die Mitte.*
✦ *Teilen Sie den Kreis in einzelne Abschnitte für Ihre verschiedenen Rollen: Liebende/r, Koch/Köchin, Mutter/Vater, Partner/in, Sportler/in, Software-Entwickler/in und so weiter. Wie viel Zeit verwenden Sie auf jede Rolle? Je mehr Zeit, desto größer der Abschnitt im Kreis.*
✦ *Nun wählen Sie für jede Rolle ein Bild aus – zum Beispiel aus Zeitschriften – oder ein Symbol bzw. eine Farbe.*
✦ *Betrachten Sie Ihr Mandala: Wie fühlen Sie sich dabei?*
✦ *Nun malen Sie ein Mandala, das dem Leben entspricht, das Sie sich wünschen. Wie groß sind die Abschnitte jetzt? Welche anderen Rollen finden darin Platz?*

Sonntag DIE VERBINDUNG ZUM GÖTTLICHEN

Traditionell sind solche Rückzugstage religiös geprägt. Daher macht es durchaus Sinn, sich dem Göttlichen in uns zuzuwenden, auch wenn wir uns nicht für religiöse Fragen interessieren. Wie Sie diesen Teil gestalten wollen, liegt ganz bei Ihnen. Vielleicht haben Sie ja Lust, einen Altar zu errichten.

EINEN ALTAR ERRICHTEN

Altäre sind Konzentrationspunkte für unsere Wünsche, Orte, an denen wir uns dem Göttlichen öffnen. Altäre können daher ganz unterschiedlich gestaltet sein. Wichtig ist, dass sie all das aufnehmen, was eine persönliche Bedeutung für Sie hat, zum Beispiel:

✦ Symbole für die Elemente: eine Schale mit Wasser (mit Blütenblättern darin?); eine Kerze (Feuer); Weihrauch oder Duftlampe (Luft); Kristalle, Kieselsteine oder eine Schale mit Salz (Erde).

✦ Bilder, Statuen, Dinge, die das Göttliche für Sie darstellen: ein Buddha, ein Davidstern, die Große Göttin, Shiva oder etwas anderes.

✦ Naturobjekte: Kieselsteine, Muscheln, Blätter und Blüten, Holzstücke.

✦ Bilder von geliebten Menschen oder von Ihnen selbst (bei Ihrer Lieblingsbeschäftigung); ein Symbol für Ihre Ziele und Wünsche.

DER WEG DES GEBETS

Sie können an Ihrem Altar beten oder sich einen anderen Ort suchen, der Ihnen gefällt. Es gibt viele Formen des Betens: traditionelle Gebete, Lieder, Segenssprüche. Und selbstverständlich auch nicht-traditionelle Gebete.

✦ Wenn es eine Gottheit gäbe, was würden Sie von ihm/ihr erbitten?

✦ Gibt es etwas in Ihrem Leben, wofür Sie dankbar sind? Welche Gaben haben Sie empfangen? Drücken Sie Ihre Dankbarkeit für die Geschenke des Lebens aus.

✦ Was bereitet Ihnen Sorgen? Bitten Sie um Hilfe, Unterstützung und Trost.

✦ Beim Beten müssen Sie keineswegs sitzen oder knien. Versuchen Sie es einmal mit einem »Gebetsgang«. Suchen Sie sich einen schönen Ort, wo Sie ungestört langsam gehen können. Gehen Sie rhythmisch und gemessenen Schrittes. Achten Sie auf Ihre Umgebung, auf die Schönheit der Natur. Beten Sie beim Gehen für die Menschen, die Sie kennen. Oder vertrauen Sie der Gottheit Ihre Sorgen an.

FÜR DEN GEIST

Der Weg der Schamanen

Schamanen sind Hüter der Weisheit, Männer und Frauen, die zwischen den Welten wandern, mit Tieren sprechen und Körper und Seele Heilung bringen. Alle alten Kulturen kannten Schamanen – weise Menschen tun dies noch heute. Der schamanische Weg (der im Übrigen eine harte Ausbildung fordert) eignet sich nicht für alle Menschen, doch einzelne Techniken können wir alle anwenden, um die Beziehung zu unserer Umwelt zu verbessern. Lassen Sie uns also dieses Wochenende mit den Schamanen reisen.

DAS WIRD GEBRAUCHT:

- *Räucherstäbchen*
- *Federn, Muscheln, Sand oder Erde*
- *eine Aufnahme mit schamanischer Trommelmusik*
- *Tabak oder Maismehl*
- *ein Kassettenrekorder oder CD-Player*

Freitagabend TRADITIONELLE REINIGUNG

Am Freitag unterziehen Sie sich einer klassisch schamanischen Reinigungsmethode – dem Räuchern. Räucherstäbchen werden aus Kräutern mit magischen und spirituellen Eigenschaften gemacht, traditionell benutzt man Salbei und Süßgras. Die Kräutergeister reinigen Menschen und Orte, indem sie negative Schwingungen durch positive ersetzen.

1. Stellen Sie alle Utensilien für Ihr Wochenende in der Mitte des Raumes auf. Sie können auch einen Altar errichten (siehe Seite 96). Lassen Sie ein Fenster geöffnet, damit die negativen Energien entweichen können.

2. Zünden Sie das Räucherstäbchen an. Achten Sie darauf, dass es richtig anbrennt, und blasen Sie es dann aus. Nur so glimmt es gleichmäßig weiter.

3. Stellen Sie sich barfuss auf den Boden. Fühlen Sie sich in der Erde richtig verwurzelt. (Danken Sie Mutter Erde dafür, dass Sie sie hält.)

4. Spüren Sie, wie Ihr Körper sich aufrichtet, als würde der Kopf gen Himmel gezogen. Fühlen Sie den Himmel über sich. (Danken Sie Vater Himmel dafür, dass er Ihnen Inspiration schenkt.)

5. Nun fächeln Sie den Rauch mit einer Feder zu Ihrem Herzen hin und stellen sich vor, wie er alle negative Energie aus Ihnen zieht.

6. Fächeln Sie den Rauch dann zu den anderen Chakren hin (siehe Seite 110–111). Spüren Sie einen Unterschied?

7. Nun bewegen Sie das Räucherstäbchen über Ihren Kopf und die Arme hinunter. Stellen Sie sich vor, wie es alles Negative von Ihnen nimmt. Führen Sie es dann, so gut es geht, den Rücken hinunter bis zum Boden.

8. Stellen Sie sich aufrecht hin und halten Sie das Räucherstäbchen auf Höhe des Herzens in den Händen. Bitten Sie die negative Energie, Sie zu verlassen, und laden Sie positive Energie zu sich ein.

9. Danken Sie dem Räucherstäbchen. Löschen Sie es, indem Sie es langsam in die Erde stecken.

10. Opfern Sie ein wenig Tabak oder Maismehl.

ERNÄHRUNG FÜR EIN SCHAMANENWOCHENENDE

Wenn Sie schamanische Übungen ausführen, sollten Sie nichts schwer Verdauliches essen. Wichtig sind auch folgende Punkte:

- *Essen sie nur frische Produkte der Region und Saison. Nichts von tierischer Herkunft.*
- *Woher kommt Ihre Nahrung? Wie wird sie angebaut? Wann geerntet?*
- *Nehmen Sie Verbindung zum Geist der Nahrung auf. Wie fühlt sie sich an? Keine Sorge, wenn die Informationen anfangs spärlich sind.*
- *Danken Sie der Pflanze von ganzem Herzen, bevor Sie sie verzehren. Essen Sie achtsam. Fühlen Sie jeden Bissen.*
- *Trinken Sie während des Wochenendes viel frisches Wasser.*
- *Möglichst keinen Schwarztee oder Kaffee. Trinken Sie lieber Kräutertees, deren Energie Sie zu erfühlen versuchen.*

Samstag DIE VIER WÄCHTER

Machen Sie Yoga (Seite 148–151), um biegsamer und geistig aufnahmefähiger zu werden, oder gehen Sie draußen spazieren. Heute werden Sie die vier Geisttiere der nordamerikanischen Indianer kennen lernen, die vier Wächter. Suchen Sie sich einen ruhigen Platz, möglichst in der Natur, und legen Sie vier Steine in Rautenform aus. Zünden Sie ein Räucherstäbchen an, reinigen Sie sich mit dem Rauch und setzen Sie sich dann in die Raute hinein. Dann rufen Sie, einen nach dem anderen, die vier Wächter an.

1. Der Stein vor Ihnen steht für den Adler, den Wächter des Ostens. Dieser weitsichtige Beschützer schenkt Einsicht, Klarheit und Entscheidungsfähigkeit.

2. Der Stein hinter Ihnen ist Symbol für den Bären, den Wächter des Westens. Seine Macht stärkt Ihnen den Rücken. Sie schenkt Mut und Zielsicherheit. Eine starke, reinigende Energie, die auch in den Träumen herrscht.

3. Der Stein zu Ihrer Rechten symbolisiert den Kojoten, den Wächter des Südens. Er ist klug, schlagfertig (vor allem bei Meetings nützlich) und beherrscht unsere Gefühle.

4. Der Stein zu Ihrer Linken ist der Bison, der Wächter des Nordens. Zuverlässig und erdverbunden vermittelt er uns das Wissen um Leben und Tod, die Weisheit eben.

5. Bringen Sie jedem Wächter ein Rauchopfer dar. Bitten Sie um Einsicht und Weisheit. Welchen Wächter brauchen Sie im Augenblick besonders?

6. Zieht einer der Wächter Sie stark an? Wenn ja, bitten Sie um die Erlaubnis, von diesem Tier besondere Führung zu erhalten. Seien Sie ehrerbietig.

7. Fragen Sie, ob Sie Ihren persönlichen Verbündeten kennen lernen dürfen, ein Tier, zu dem Sie einen besonderen Kontakt haben. Wenn das Tier es für richtig hält, wird es »erscheinen« – in Ihrer Fantasie oder in der Wirklichkeit. Bitten Sie um Erlaubnis, mit ihm zu sprechen. Dies ist Ihr »Krafttier«. Fragen Sie, ob es Sie im Leben und im Traum schützen und führen will.

8. Danken Sie dem Tier und den Wächtern und opfern Sie Rauch, Tabak oder Maismehl.

DER MEDIZINGANG

Diesen Nachmittag lassen Sie sich auf einem »Medizingang« von der Natur belehren.

- ✦ *Duschen Sie mit ein paar Tropfen Zedernöl im Duschgel. Reinigen Sie sich mit Rauch. Essen Sie nichts.*
- ✦ *Ziehen Sie vor Ihrer Tür eine Linie aus Salz bzw. Steinen. Überschreiten Sie diese Linie bewusst. Von diesem Augenblick an wird alles, was Sie sehen, hören oder berühren, Ihr Lehrer sein, bis Sie die Linie erneut übertreten.*
- ✦ *Gehen Sie bewusst und achtsam: Spüren Sie Ihre Fußsohlen auf dem Boden. Achten Sie auf Ihre Umwelt. Was fällt Ihnen besonders auf? Ein Vogel? Eine Blume? Eine Werbung? Ein Mensch? Notieren Sie alles und machen Sie sich erst später darüber Gedanken.*

Sonntag DIE SCHAMANISCHE REISE

Essen Sie nichts, bevor Sie Ihre Reise antreten. Suchen Sie sich ein warmes, bequemes und sicheres Plätzchen, wo Sie nicht gestört werden. Wenn Sie die Anweisungen auf Band aufnehmen, lassen Sie dazwischen viel Raum.

1. Reinigen Sie sich und die Ecken des Raumes mit Rauch. Ihr Räucherstäbchen sollte keine Funken versprühen, während Sie auf Reise gehen.

2. Legen Sie sich hin und entspannen Sie sich.

3. Schalten Sie schamanische Trommelmusik ein und hören Sie zu. Wo spüren Sie die Musik im Körper? Lassen Sie Ihren Geist mit den Trommeln wandern.

4. Sie sind in einem schönen Wald. Die Sonne fällt durch das Laubdach. Sie riechen die Erde, die Blätter.

5. Ihr Krafttier oder einer der Wächter ist bei Ihnen.

6. Sie gehen einen Weg entlang, der sich plötzlich zu einer Lichtung weitet. Vor Ihnen steht ein riesiger, alter Baum.

7. Sehen Sie ihn an, jede Kleinigkeit. In die Baumrinde ist eine Tür geritzt. Sie öffnet sich.

8. Stufen führen ins Innere. Sie können nach unten, oben oder mitten in den Baum hineingehen. Suchen Sie den richtigen Weg. Fragen Sie Ihren Begleiter um Rat. Diesen Weg gehen Sie bis ans Ende.

9. Nun betreten Sie eines der drei schamanischen Reiche (siehe rechts). Achten Sie genau darauf, was Sie sehen – Tiere, Pflanzen, Landschaften, Menschen. Nähern Sie sich allem mit Respekt. Bitten Sie um eine Botschaft. Vielleicht treffen Sie gar einen Teil Ihrer selbst. Danken Sie jedem Wesen, das Ihnen hilft.

10. Wenn Sie fertig sind, kehren Sie zu den Stufen und in den Baum zurück. Gehen Sie den Weg zurück, durch den Baum, den Wald, bis Sie wieder ganz im Wachbewusstsein sind.

11. Öffnen Sie sanft die Augen. Bleiben Sie ein paar Minuten lang sitzen. Wenn Sie fertig sind, erheben Sie sich und stampfen mit dem Fuß auf den Boden. Essen und trinken Sie etwas. Halten Sie dann Ihre Erfahrungen fest.

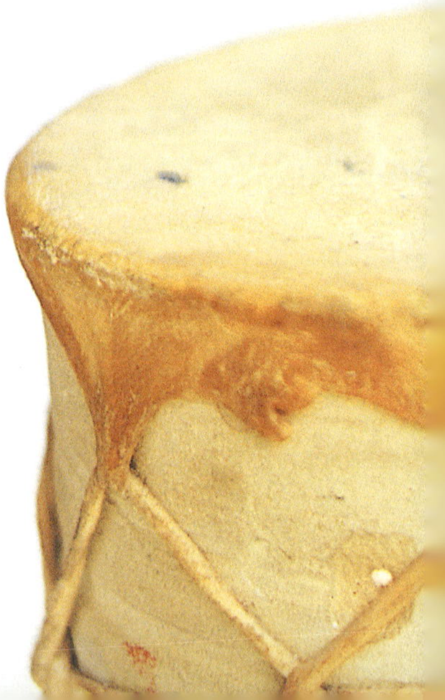

INS DAMPFBAD

Nach all der harten Arbeit am Innenleben wird es Zeit für die Sauna oder ein Dampfbad. (Eine Schwitzhütte sollte wirklich nur von erfahrenen Schamanen geleitet werden.) Stellen Sie sich vor, wie mit dem Schweiß alles Negative Sie verlässt. Im anschließenden Zustand geistiger Wachheit können Sie mit Ihrem Tier sprechen oder mit ihm auf Seelenreise gehen.

DIE DREI REICHE

DIE UNTERE WELT: *der Ort des Todes, der aber keineswegs dunkel und Furcht erregend ist. Sie treffen dort Tiere oder Seelen Ihrer Ahnen, vielleicht auch Teile Ihrer Seele, die Sie verloren oder verdrängt haben. Laden Sie diese Teile ein, wieder zu Ihnen zu kommen.*

DIE MITTLERE WELT: *eine Parallelwelt zu dieser, in der Sie Informationen und Antworten in Bezug auf dieses Leben finden. Dort treffen Sie Menschen, Tiere und Pflanzen, die es in »unserer« Welt auch gibt. Bitten Sie um Informationen, die Ihnen helfen, Ihren Alltag besser zu verstehen.*

DIE OBERE WELT: *eine Welt aus Wolken und Licht, in der Engel und Geistwesen leben. Diese Wesen schenken Ihnen höhere Einsichten. Bitten Sie um spirituellen Rat und Weisheit – wenn die Wesen überhaupt mit Ihnen kommunizieren.*

FÜR DEN GEIST

Achtsam-keit

Sehnen Sie sich nach mehr Spiritualität in Ihrem Leben, dann ist dieses Wochenende das Richtige für Sie. Hier lernen Sie viele grundlegende spirituelle Vorstellungen kennen und setzen sie in die Praxis um. Sie erfahren, wie Sie Lebensenergie im Körper spüren können und wie Sie mit Ihren Chakren bzw. der Aura arbeiten können. Dies sollte die Balance zwischen Körper, Seele und Geist wiederherstellen.

DAS WIRD GEBRAUCHT:

- *ätherische Öle: Rosmarin, Eukalyptus und Lavendel*
- *Meersalz*
- *Papier (Tagebuch) und einen Stift*

Freitagabend LEBENSENERGIE SPÜREN

Lassen Sie uns mit dem Aufspüren der Vitalenergie im Körper beginnen, weil dies die Basis für alle folgenden Schritte ist.

1. Stellen Sie sich barfuss auf den Boden, die Füße etwa schulterbreit auseinander. Ihre Knie sind locker, Ihre Schultern entspannt. Ihr Kopf fühlt sich an, als ziehe ihn jemand ganz langsam gen Himmel, so dass Ihr Nacken sich streckt.

2. Schließen Sie die Augen und machen Sie sich Ihren Atem bewusst. Stehen Sie ein paar Minuten atmend da. Mit zunehmender Entspannung wird der Atem immer tiefer. Konzentrieren Sie sich auf den Solarplexus, unmittelbar über dem Nabel. Atmen Sie dort hinein, ins Zentrum Ihres Selbst.

3. Bald werden Sie eine prickelnde Energie um sich herum wahrnehmen. Je tiefer und entspannter Sie atmen, desto deutlicher wird sie fühlbar. Diese Energie wird uns dieses Wochenende über begleiten.

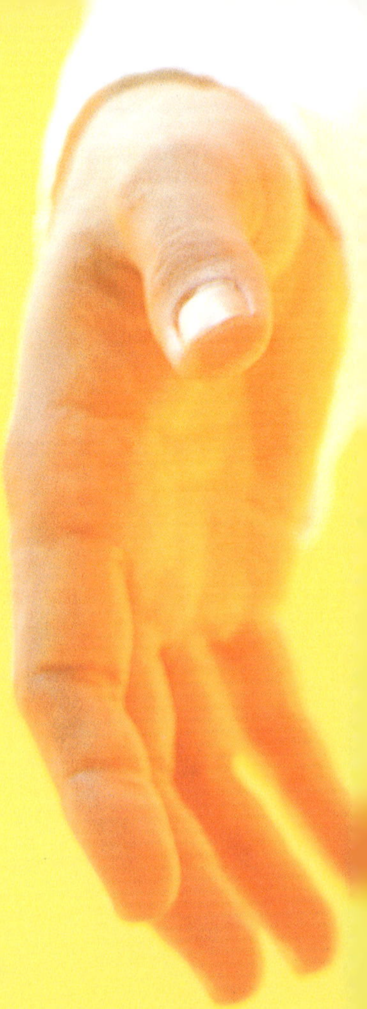

WAS IST SPIRITUALITÄT FÜR MICH?

Heute Abend sollen Sie sich Gedanken darüber machen, was Spiritualität für Sie bedeutet. Fragen Sie sich:

✦ Habe ich einen bestimmten Glauben, eine bestimmte Religion?
✦ War meine Familie religiös?
✦ Wie reagiere ich auf Spiritualität? Was fällt mir dazu ein?
✦ Seele und Geist – wo finde ich sie?
✦ Spüre ich heilende Energie in mir?
✦ Was geschieht mit uns nach unserem Tod?

HEILENDE HÄNDE

Nun aktivieren Sie die Heilkraft Ihrer Hände.

1. Reiben Sie eine Minute lang die Handflächen kräftig aneinander.

2. Halten Sie Ihre Handflächen nun ein paar Zentimeter voneinander entfernt, so als hielten Sie einen Ball. Spüren Sie ein Kribbeln oder gar Wärme? Bewegen Sie nun die Hände aufeinander zu und voneinander weg. Spüren Sie die Energie pulsieren.

3. Halten Sie die Hände etwas weiter voneinander entfernt, als ob Sie einen großen Ball halten würden. Stellen Sie sich vor, dass es in der Mitte der Handfläche einen Kreis gibt, aus dem Heilkraft fließt. Massieren Sie diesen Kreis mit dem Daumen der anderen Hand, um sie zu öffnen.

4. Tun Sie dasselbe mit der anderen Hand.

5. Wenn Sie diese Energie nun aussenden wollen, halten Sie die Hand über einen Körperteil oder ein Chakra (nächste Seite) und stellen Sie sich vor, wie heilende Energie am Scheitel in Ihren Körper fließt und dann aus den kreisförmigen Zonen der Handflächen strömt.

Samstag DIE CHAKREN ERLEBEN

Beginnen Sie den Tag mit dem Sonnengruß (Seite 148–149), danach erforschen Sie Ihre Chakren.

ENERGIEZENTREN

Die Weisen des alten Indien gingen davon aus, dass wir sieben Hauptenergiezentren besitzen, die Chakren, die auf einer Längsachse vom Scheitel bis zum Steißbein angeordnet sind. Die folgende Übung soll Sie mit deren Energie bekannt machen. Wenn Sie noch keine Erfahrung mit Chakren haben, machen Sie die Übung, notieren Sie Ihre Erlebnisse und lesen Sie dann erst auf der gegenüberliegenden Seite nach. Fällt es Ihnen leicht, sich etwas bildlich vorzustellen, dann visualisieren Sie für jedes Chakra die angegebene Farbe. Ansonsten bleiben Sie bei Weiß.

1. Stellen Sie sich barfuss hin, die Füße schulterbreit auseinander. Entspannen Sie sich, schließen Sie die Augen und konzentrieren Sie sich auf Ihren Atem.
2. Stellen Sie sich einen leuchtend weißen Energieball über Ihrem Kopf vor. Das Kronenchakra am Scheitel ist violett. Atmen Sie ein paar Mal dort hinein: Wie fühlt sich das an?
3. Beim Ausatmen lenken Sie Ihre Aufmerksamkeit auf den (indigofarbenen) Bereich hinter der Stirn. Atmen Sie dort hinein und achten Sie darauf, wie Sie sich fühlen.
4. Und wieder richten Sie beim Ausatmen Ihre Aufmerksamkeit auf das Halschakra (blau). Achten Sie auf die unterschiedliche Energie, atmen Sie in diese Region hinein.
5. Gehen Sie weiter zum Herzchakra (grün). Verweilen Sie einige Atemzüge lang bei diesem wichtigen Zentrum.
6. Atmen Sie dann ins Solarplexuschakra (gelb).
7. Zwischen dem Unterbauch und dem Nabel ist das Sakralchakra (orange).
8. Wandern Sie nun mit dem Atem ins Basischakra (tiefrot) am untersten Ende der Wirbelsäule. Atmen Sie einige Minuten dort hinein.
9. Am Ende stellen Sie sich vor, wie ein Blitz aus dem Himmel in Ihren Körper einschlägt und alle Energiezentren auflädt.

DIE CHAKREN

KRONENCHAKRA: *Hier geht es um Verständnis, die Verbindung zum Göttlichen. Wird durch Meditation, Gebet und Aufsuchen von heiligen Orten gestärkt.*

STIRNCHAKRA: *Vorstellungskraft, Intuition, Träume, Einsicht. Förderung durch Kunsttherapie, Traumarbeit, Meditation.*

HALSCHAKRA: *Kommunikation, Kreativität. Wird gestärkt durch Stimmarbeit, Singen, Schreien, Körperarbeit oder Massage, aufrichtige Kommunikation.*

HERZCHAKRA: *Liebe, Nähe, Ausgeglichenheit, Beziehungen. Förderung durch Yoga-Atmung, Tagebuch, Psychotherapie zur Heilung alter Wunden, Annehmen des eigenen Selbst.*

SOLARPLEXUSCHAKRA: *Selbstwert, innere Stärke, Vertrauen, Willenskraft. Wird unterstützt durch Stressmanagement, Tiefenentspannung, Kampfkunst, Pilates-Training.*

SAKRALCHAKRA: *Sexualität, Sinnlichkeit, Partnerschaft. Stärkung durch Musik, Tanz, Körperarbeit, Arbeit am Bereich »Emotionen«.*

BASISCHAKRA: *Materielle Welt, Körper, soziale Stellung. Gefördert durch Gymnastik, Massage, Yoga, Gartenarbeit, Töpfern.*

ABENDRITUAL

Nach dem Mondgruß (Seite 150–151) nehmen Sie ein Bad, das symbolisch für Wiedergeburt steht. Wir reinigen Körper und Seele.

- *Geben Sie zwei Esslöffel Salz ins einfließende Wasser.*
- *In die volle Badewanne geben Sie je einen Tropfen Rosmarin-, Eukalyptus- und Lavendelöl.*
- *Legen Sie sich hinein und fühlen Sie, wie das Wasser alles Negative abwäscht.*

Sonntag DIE CHAKREN ERLEBEN

Beginnen Sie den Tag wieder mit dem Sonnengruß (Seite 148–149) und einer stillen Meditation bzw. einem solchen Gebet. Dann wenden Sie sich der Aura zu.

WAS DIE AURAFARBEN SAGEN

Meist haben sie folgende Bedeutung:
VIOLETT: Mystik, Spiritualität
INDIGO: Weisheit, übersinnliche Begabung
BLAU: Intelligenz, Kontrolle, Intuition
GRÜN: Freundlichkeit, Sanftheit, Mitgefühl, Ausgeglichenheit
GELB: Spaß, Optimismus, Freude, Vitalität
ORANGE: Wärme, Großzügigkeit, Lebenskraft
ROT: Ehrgeiz, Sexualität, Energie
PINK: Schüchternheit, Bescheidenheit, Sanftheit, Liebe
SCHWARZ: Depression, Ängste, Krankheit
GRAU: Depression, Furcht, wenig Energie
BRAUN: Negativität, materialistisches Denken
WEISS: Krankheit, Erschöpfung oder (durch das Kronenchakra) spirituelle Bewusstheit

SCHIMMERNDE ENERGIE

Die Aura ist der Energiemantel, der unseren Körper umgibt. Dieser sagt viel über unseren körperlichen, geistigen und seelischen Zustand aus. Die Aura zu sehen ist eigentlich recht einfach.

1. Betrachten Sie einen Baum oder eine gesunde Pflanze. Richten Sie dann den Blick auf einen Punkt kurz davor oder dahinter, so dass Sie den leichten Schimmer um die Pflanze bzw. den Baum wahrnehmen.

2. Nun versuchen Sie die Aura eines Tieres zu sehen. Wenn Sie die Aura Ihres Lieblings streicheln wollen, lassen Sie die

Hände in 2,5 Zentimeter Abstand über Haut oder Fell gleiten. (Katzen lieben das.)

3. Wenn Sie die Aura eines Menschen sehen wollen, stellen Sie sich etwa 3 Meter vor ihn und sehen Sie über seine Schulter. Stellen Sie den Blick nicht scharf. Dann sehen Sie ein verschwommenes Licht rund um den Körper. In diesem Licht lassen sich Farben, Flecken und andere Dinge wahrnehmen, doch das braucht ein wenig Übung.

EINEN HEILIGEN RAUM ERSPÜREN

Suchen Sie einen heiligen Ort auf, ein Gebäude oder einen Platz in der Natur. Bleiben Sie dort und versuchen Sie, ihn zu erfühlen. Welche Energie nehmen Sie mit Ihren Handflächen wahr? Reagiert eines Ihrer Chakren darauf? Wenn Sie im Freien sind: Sehen Sie den Lichtschimmer um Bäume, Bäche oder Felsen?

Wenn Sie nach Hause kommen, sollten Sie sich körperlich betätigen. Ideal ist Putzen. Man verfällt nur zu leicht auf den Gedanken, Spiritualität sei etwas »Höheres«, Lichtes und Schönes. Tatsächlich aber liegt der Geist oft in den banalsten Dingen verborgen. Machen Sie das Putzen zu Ihrer spirituellen Praxis, indem Sie es sorgfältig und achtsam tun.

ABENDS

Führen Sie den Mondgruß aus (Seite 150–151) und konzentrieren Sie sich eine Weile auf den Atem (siehe Übungen Seite 19, 26, 40 und 87).

FÜR DEN GEIST

Der Segen der Kabbala

Die Kabbala ist jüdischen Ursprungs, wird jedoch von Mystikern in aller Welt geschätzt. Sie beschreibt uns den Vorgang der Schöpfung, vom ersten Gedanken Gottes bis hin zur Realität des körperlichen Lebens auf der Erde. Die Kabbala zu studieren ist eine Lebensaufgabe, dieses Wochenende vermittelt Ihnen daher nur erste Einsichten in ihre Anwendungsmöglichkeiten.

DAS WIRD GEBRAUCHT:

- *Papier und Stifte*
- *ein Zirkel oder ein Glas zum Kreise-Zeichnen*
- *Tarotkarten (für Anfänger sind die Rider-Waite-Karten ideal, auf jeden Fall sollten die Illustrationen Sie ansprechen)*

Freitagabend DER BAUM DES LEBENS

Machen Sie sich mit dem Lebensbaum vertraut, der »Landkarte« der Kabbala. Am besten ist es, Sie malen ihn nach dem Muster auf dieser Seite auf ein Blatt Papier. Zeichnen Sie den Baum mehrmals nach, so dass Sie mit den Namen der elf Sephiroth und ihrer Lage vertraut werden.

1 MALKUTH – Königreich: Körper, Erde, materielle Welt. Farben: Gelb, Oliv, Kupferbraun und goldgeflecktes Schwarz. Symbole: das gleicharmige Kreuz, ein doppelter Würfel, der magische Kreis.

2 YESOD – Grund: das Unbewusste, die Vergangenheit, das zukünftige Potenzial, unsere sexuelle Natur, der Mond. Farben: Indigo, Violett und tiefdunkles Purpur. Symbole: Düfte und Sandalen.

3 HOD – Majestät: Geist, Intellekt, Willenskraft, Kommunikation, Magie, Zaubersprüche. Farben: Violett, Purpur, Orange. Symbol: Schürze.

4 NETZACH – Sieg: Gefühle, künstlerische Kreativität, Natur. Farben: Bernstein, Smaragd und goldgeflecktes Oliv. Symbole: Rose, Lampe, Gürtel.

5 TIPHARETH – Schönheit: das Selbst, das Ich, die Seele – reines Bewusstsein. Wird häufig als »Christuszentrum« bezeichnet, weil es wahre Liebe und Opferbereitschaft lehrt. Farben: Rosa, Gelb und ein tiefes Lachsrosa. Symbole: Kreuz, Würfel und stumpfe Pyramide.

6 GEBURAH – Strenge: Urteil, ungeschminkte Wahrheit, persönlicher Wille, Macht, Stärke, Ordnung, Aktivität, Zielbewusstheit. Farben: Orange, Hellrot, Scharlach. Symbole: Fünfeck, Schwert, Speer, Geißel.

7 CHESED – Gnade (manchmal auch Liebe): ausgeglichenes Mitgefühl, Empfindsamkeit, Zusammenarbeit. Farben: die dunklen Töne von Violett, Blau und Purpur. Symbole: Reichsapfel, Zepter und Zauberstab.

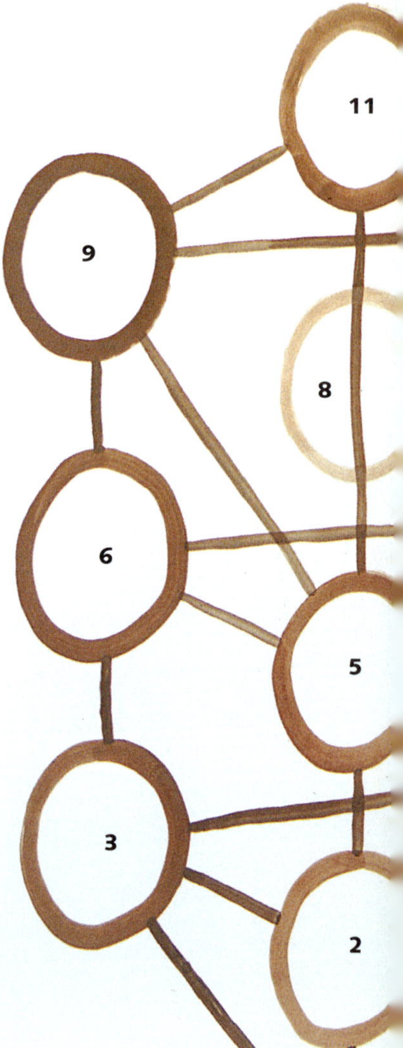

8 DAATH – Wissen: Die einzige Sephirah, die nicht auf dem Baum sitzt. Dieser geheimnisvolle Bereich liegt in der Mitte des Abgrunds: oberhalb von Tiphareth und unterhalb von Kether. Sie steht für alle ungelösten und irrationalen Momente der Psyche. Farben: Silber und Ultraviolett. Symbole: ein leerer Thron und ein silberner Spiegel.
9 BINAH – Verständnis: spirituelle Bewusstheit und Liebe, die heilende Macht des reinen Schmerzes, die ursprüngliche weibliche Energie. Farben: Karmin, Schwarz und Dunkelbraun. Symbole: Kelch oder Schale.
10 CHOCKMAH – Weisheit: spirituelle Zielsetzung und Willenskraft, ursprüngliche männliche Energie. Farben: sanfte Blau- und Grautöne. Symbole: alles Phallische – Turm, Zepter, Stelen, Säulen.
11 KETHER – Krone: Die Quelle der Schöpfung, der Ursprung des Lebens, in dem es keinen Unterschied zwischen Männlich und Weiblich, Energie und Materie gibt. Farben: strahlend reines Weiß, goldgeflecktes Weiß. Symbol: das gleicharmige Kreuz.

ABENDGEBET

Bevor Sie zu Bett gehen, sprechen Sie das Kreuzgebet der Kabbala, einen nicht-konfessionellen Segensspruch.

1. *Stehen Sie nach Osten gewandt und gut in der Erde verankert.*
2. *Berühren Sie Ihre Stirn und sagen Sie: »Dein, o Gott …«*
3. *Berühren Sie Ihren Solarplexus und sagen Sie: »… sei das Reich …«*
4. *Berühren Sie Ihre rechte Schulter und sagen Sie: »… und die Kraft …«*
5. *Berühren Sie Ihre linke Schulter und sagen Sie: »… und die Herrlichkeit …«*
6. *Klatschen Sie vor Ihrer Brust in die Hände und sagen Sie: »… in Ewigkeit. Amen.«*

Samstag ERWECKEN DES MITTLEREN PFEILERS

Heute Morgen werden Sie den Lebensbaum mit Energie erfüllen, indem Sie die Sephirah des Mittleren Pfeilers erwecken.

1. Stellen Sie sich mit dem Gesicht nach Osten aufrecht hin.

2. Stellen Sie sich ein strahlend weißes Licht (Kether) über Ihrem Kopf vor.

3. Von diesem Licht dringt nun ein Strahl in Ihren Kopf ein, und Sie intonieren die Umschreibung des Gottesnamens *Ehejeh* (Ich bin). Stellen Sie sich vor, wie dieses Wort über und in Ihnen vibriert.

4. Nun wandert der Strahl in Ihren Hals und wird dort zu einer Kugel aus weißem Licht. Nun singen Sie wieder den Namen des Herrn: *Jehovah Elohim* (Gott, der Herr). Lassen Sie diesen in Ihrer Kehle vibrieren.

5. Das Licht dringt bis in Ihren Solarplexus vor, wo es wieder eine strahlend weiße Kugel bildet. Nun singen Sie: *Jehovah Eloah wa Da'ath* (Gott ist Glaube). Spüren Sie, wie das Singen diese Region wärmt und aktiviert.

6. Nun fließt das Licht weiter in den Genitalbereich, und Sie intonieren: *Schaddai el Chai* (Allmächtiger Gott des Lebens). Das »Chai« ist guttural wie in »Loch«. Fühlen Sie die Energie pulsieren.

7. Schließlich wandert das Licht in die Füße und bildet dort einen großen Ball, der bis in die Erde reicht. Stellen Sie sich vor, wie dieser Ball Sie mit der Erde verbindet und intonieren Sie: *Adonai ha Aretz* (Herr des Landes).

8. Nun visualisieren Sie die gesamte Lichtsäule, die Sie mit Himmel und Erde verbindet. Diese machtvolle Übung hilft Ihnen, Ihre Mitte zu finden. Wiederholen Sie sie häufig.

DER INNERE TEMPEL

Jede Sephirah hat einen Tempel und einen Erzengel, der über sie wacht. In der nächsten Übung versuchen wir, den inneren Tempel von Malkuth aufzubauen. Setzen oder legen Sie sich bequem hin und sorgen Sie dafür, dass niemand Sie stört. Schließen Sie die Augen. Entspannen Sie sich und konzentrieren Sie sich auf den Atem.

1. Nun stellen Sie sich vor, Ihre Füße stünden auf einem kühlen Boden mit einem Schachbrettmuster aus weißem und schwarzem Marmor.

2. Sie stehen in einem quadratischen Tempel, der voller Klarheit ist. An drei Wänden finden sich bunte Glasfenster. Eines zeigt einen Stier, ein anderes einen Adler, das Dritte einen Löwen.

3. In der Mitte steht ein Altar: zwei Würfel aus schwarzem Holz, einer auf dem anderen stehend und mit einem weißen Leinentuch bedeckt. Obenauf steht eine Schale aus blauem Kristall, in der ein Licht brennt. Ein Kelch mit Wein steht neben einem Laib Brot und einigen Kornähren. Darüber verströmt ein Weihrauchfass einen erdigen Duft.

4. Vor sich sehen Sie eine Wand mit drei Eichenportalen ohne Türgriff. Vor den Türen recken zwei Säulen sich in den Himmel, eine aus schwarzem Ebenholz, die andere aus reinstem Silber.

5. Gehen Sie durch den Tempel und sehen Sie sich alles genau an: den Altar, die Säulen, die Glasfenster.

6. Wenn Sie bereit sind, den Wächter dieses Tempels zu treffen, bitten Sie um eine Begegnung mit dem Erzengel Sandalphon. Er ist sehr groß. Auf seiner Robe mischen sich Gold, Erdbraun, sanftes Grün und Kupferrot. Seine weisen Augen aber blicken traurig.

7. Bitten Sie ihn um Weisheit und die Lektionen von Malkuth. Fragen Sie ihn, weshalb er traurig ist?

8. Wenn Sie genug gehört haben, verabschieden Sie sich und kehren in die Wirklichkeit zurück. Öffnen Sie die Augen, stampfen Sie mit den Füßen auf und essen Sie eine Kleinigkeit.

Sonntag DER TEMPEL VON MALKUTH

Am Morgen nehmen Sie sich frei und gehen ein wenig in der Natur spazieren. Spüren Sie die erdige Natur von Malkuth um sich. Macht sich noch eine andere Sephirah-Energie bemerkbar? Vielleicht erinnern Sie sich an einen Traum (Yesod) oder Sie empfinden plötzlich die Liebe zu Ihrem Kind sehr stark (Tiphareth). Vielleicht verurteilen Sie etwas, was Sie in der Zeitung gelesen haben (Geburah). Wenden Sie das Wissen um die Sephiroth auf Ihr Leben an.

TAROT

Machen Sie sich mit den Tarotkarten vertraut. Suchen Sie zunächst einmal die großen Arkana heraus. Welche Bilder sprechen Sie an? Welche stören Sie? Nehmen Sie die Karte, die in Ihnen die stärksten Reaktionen auslöst, und meditieren Sie über diesem Bild. Was sagt es Ihnen? Gibt es Assoziationen? Mögen Sie die Karte oder nicht? Warum? Halten Sie Ihre Eindrücke fest – durch Schreiben, Malen oder Zeichnen.

DER WEG IM LEBENSBAUM

Mit Ihrer Tarotkarte machen Sie nun eine Reise. Alle großen Arkana sind auf dem Baum des Lebens präsent. Nun werden Sie »Ihren Weg« finden und von einer Sephirah zur anderen wandern. Sie beginnen Ihre Reise im Tempel von Malkuth.

1. Bauen Sie den Tempel auf wie gestern. Bitten Sie den Erzengel um Hilfe bei Ihrer Reise.

2. Das Bild Ihrer Karte findet sich als Wandteppich wieder, der zwischen den zwei Säulen aufgehängt ist. Betrachten Sie jede Einzelheit genau. Während Sie näher kommen, bemerken Sie, dass das Bild lebendig ist und sich bewegt. Die Ränder scheinen auszufransen.

3. Sandalphon macht Ihnen ein Zeichen. Sie treten vor und in die Welt des Teppichs hinein. Vielleicht spüren Sie ein leichtes Schwindelgefühl, als würden Sie im Fahrstuhl nach oben fahren. (Vielleicht durchqueren Sie sogar einige Sephiroth.) Dann stehen Sie plötzlich in der Landschaft Ihrer Karte.

4. Was geschieht jetzt? Wen treffen Sie dort? Möchten Sie weitergehen? Erfahren Sie etwas Neues?

5. Wenn Sie zurückkehren möchten, drehen Sie sich auf dem Absatz um. Nun sehen Sie die Karte wieder wie einen Wandteppich vor sich. Gehen Sie darauf zu, treten Sie ein, und schon sind Sie wieder im Tempel der Erde.

6. Sprechen Sie mit Sandalphon über Ihre Reise. Er kann Ihnen vielleicht ein paar Hinweise zum Verständnis geben.

7. Danken Sie ihm und spüren Sie wieder Ihren Körper auf dem Marmorboden. Kehren Sie in die Wirklichkeit zurück, indem Sie mit dem Fuß aufstampfen. Trinken Sie etwas Warmes oder essen Sie etwas, um sich zu erden.

Vierter Teil Ein Wochenende für die Jahreszeiten

Unsere Vorfahren achteten sehr genau auf den Lauf der Jahreszeiten. Die Erde und ihre Rhythmen sind ganz wesentlich, wenn das tägliche Überleben von ihrer Gnade abhängt. Daher ehrten die Menschen noch bis vor kurzem den Jahreslauf mit einer Reihe von Festen und Zeremonien.

Heute machen sich nur noch wenige Menschen klar, dass unser tägliches Brot nach wie vor von der Erde kommt. Nur sind wir nicht mehr Teil dieses Prozesses, weil wir unsere Nahrung im Supermarkt kaufen. In unseren zentral beheizten, klimatisierten Wohnungen und Büros fehlt uns die direkte Erfahrung der Natur und der Elemente. Dieses Getrenntsein von den Zyklen der Erde ist für den modernen Menschen ein großes Unglück. Die Natur wandert aus der Stille des Winters in das neue Leben des Frühlings, aus der Fülle des Sommers in den langsamen Verfall des Herbstes. Und unser Leben folgt demselben Zyklus, ob wir dies nun akzeptieren oder nicht. Daher bringen die Zeremonien zum Jahreszeitenwechsel uns in Einklang mit unseren spirituellen und emotionalen Bedürfnissen.

Die vier Kurzprogramme in diesem Abschnitt helfen Ihnen, die unterschiedlichen Energien der Hauptjahreszeiten besser kennen zu lernen. Damit signalisieren Sie Ihrer Seele, dass Veränderungen anstehen. Außerdem bietet jedes Wochenende auf die Jahreszeit abgestimmte Ernährungstipps sowie Anleitungen zum Aufbau eines Altars, mit dem Sie die neue Energie begrüßen können.

Und Sie werden erfahren, welche Themen die einzelnen Jahreszeiten mit sich bringen und wie Sie diese mit einfachen Übungen unterstützen können. Aber natürlich sollen Sie auch einfach Spaß am Wechsel der jährlichen »Gezeiten« haben.

FÜR DIE JAHRESZEITEN

Willkommen, Frühling!

Die Tage werden länger, die Abende lichter, in der Natur ist allerorten das neue Wachstum sichtbar: Alles LEBT *und birst geradezu vor Energie. Ihr Wochenende sollte dieses neue Leben feiern mit all seiner Freude und überschäumenden Lust. Als Erstes sollten Sie Ihre Räume – passend zur Frühlingszeit – mit frischen Zitrusölen reinigen. Werfen Sie auch die Fettschichten ab, unter denen Sie sich im Winter versteckt haben.*

DAS WIRD GEBRAUCHT:

- *Frühlingsnahrung (Seite 127)*
- *ätherische Öle: Zitrone, Orange, Bergamotte, Mandarine*
- *Frühlingsblumen, Weihrauch*
- *Zartgrüne Kleidung und Kerzen*
- *Eier und Farben*
- *Dinge für Ihren Frühlingsaltar*
- *Zeitschriften, Schere, ein Foto von sich, Kleber und ein großes Stück Papier*

Samstag DIE FREUDEN DES FRÜHLINGS

Stehen Sie früh auf, machen Sie ein paar Dehnübungen und dann den Sonnengruß (Seite 148 – 149). Gehen Sie spazieren, während der Tau noch auf den Wiesen liegt, und holen Sie die Schätze der Natur ins Haus: Blumen, Weidenkätzchen, Zweige mit Knospen, einen Stein. Atmen Sie die frische Luft ein und mit ihr die kräftigende Energie des Frühlings.

DER FRÜHLINGSALTAR

Wenn Sie zurückkommen, nehmen Sie eine Dusche mit Duftölen und bereiten sich ein leichtes Frühstück. Dann errichten Sie Ihren Frühlingsaltar.

1. Benutzen Sie ein hellgrünes Altartuch, das zu den frisch grünenden Zweigen passt. Auch grüne Kerzen sind angemessen.

2. Geben Sie frische Zitrusdüfte in Ihre Duftlampe oder verbrennen Sie etwas leichten Weihrauch.

3. Drapieren Sie auf dem Altar, was Sie vom Spaziergang mitgebracht haben. Stellen Sie eine Vase voller Frühlingsblumen dazu.

4. Der Frühling ist die Zeit steigender Fruchtbarkeit und sexueller Energie. Feiern Sie dies, indem Sie alte Fruchtbarkeitssymbole wie zum Beispiel bemalte Eier auf Ihren Altar legen. Malen Sie Ihre Wünsche für dieses Jahr auf die Eier. Oder färben Sie sie mit Naturfarben selbst: Eine Zwiebel in kochendem Wasser verleiht den Eiern ein zartes Gelb.

5. Dazu geben Sie noch Samen, die Sie bald in die sich erwärmende Erde legen werden. (Im übertragenen Sinn: Schreiben Sie Ihre Wünsche auf kleine Zettel und legen Sie diese auf den Altar.)

DEN BLUMENKASTEN NEU BEPFLANZEN

Wo wollen Sie den Kasten hinstellen? Wählen Sie die Pflanzen nach Standort aus. Vor dem Küchenfenster ist Platz für leckere Kräuter wie Basilikum, Petersilie, Schnittlauch, Salbei oder Rosmarin. (Die letzten beiden müssen Sie im Sommer vermutlich in den Garten setzen, weil sie ziemlich groß werden.)

Wenn Sie einen kleinen Balkon oder einen Hof haben, können Sie einen Gemüsegarten anlegen. Oder Sie ziehen Gemüse in den neuen Grow-Bags aus Plastik.

ERNÄHRUNG IM FRÜHLING

Jetzt ist es an der Zeit, die im Winter angesammelten Pfunde abzuspecken. Das sollte jedoch langsam und ohne drastische Diäten geschehen. Der Frühling bringt manchmal kalte Winde mit sich, so dass Ihr Körper nach wie vor gut genährt sein muss.

✦ *Machen Sie leichte, aber wärmende Gerichte mit jungem Gemüse: kurz gebratene Pfannengerichte, Suppen, warme Salate, Frittata (Gemüseomelette).*

✦ *Fisch, Huhn und Truthahn sind gute Eiweiß-Lieferanten und lassen sich ausgezeichnet mit Frühlingsgemüse kombinieren.*

✦ *Meiden Sie Zucker und Süßigkeiten: Sie beanspruchen den Körper zu stark.*

✦ *Lassen Sie eine Zeit lang Kaffee und Schwarztee weg. Trinken Sie stattdessen Kräutertees.*

✦ *Wenn Sie niedergeschlagen sind, nehmen Sie ein gutes Multivitaminpräparat mit Mineralstoffen und Spurenelementen. Vielleicht hilft Ihnen auch ein individuell vom Heilpraktiker zusammengestelltes pflanzliches Tonikum.*

Sonntag DEM SELBST AUSDRUCK VERLEIHEN

Auch heute Morgen machen Sie den Sonnengruß (Seite 148 – 149) und gehen vor dem Frühstück spazieren. Außerdem werden Sie heute Ihre schlafenden Energien mit einer Tanzstunde zu Hause wecken. Nachmittags gehen Sie offenen Auges durch die Natur und machen abends aus Ihren Fundstücken eine Schatzkarte.

AUSDRUCKSTANZ

Es ist nicht wichtig, ob Sie ein angeborenes Rhythmusgefühl haben oder mit Tanz eigentlich nicht viel anfangen können. Heute feiern Sie auf Ihre ganz persönliche Weise den Frühling (und niemand sieht zu!). Legen Sie ein Musikstück auf, das den Frühling für Sie symbolisiert, und tanzen Sie dazu. Wenn es geht, im Freien. Aber auch der hellste Raum Ihrer Wohnung ist dazu wunderbar geeignet. Lassen Sie das Licht herein.

Spüren Sie Ihre Fußsohlen auf dem Boden. Kreisen Sie mit den Hüften, um Ihre Beckenregion zu entspannen. Welche Bewegungen wünscht Ihr Körper? Tun Sie, was immer Sie wollen. Nur keine Beschränkungen! Wenn Sie nicht so recht in Schwung kommen, versuchen Sie es damit:

✦ Wie würde eine Pflanze sich fühlen, die im Frühjahr aus der Erde sprießt?

✦ Wie fühlen die Tiere sich, jetzt, da die Tage länger werden?

✦ Wie fühlt sich ein Baum, in den von neuem die Säfte schießen?

OFFENEN AUGES DURCH DIE NATUR

Gehen Sie nach draußen und genießen Sie das Spiel der Elemente. Machen Sie einen langen Spaziergang, lassen Sie einen Drachen steigen. Gehen Sie reiten und entdecken Sie die Natur aus einem neuen Blickwinkel. Ziehen Sie sich warm an und erwarten Sie den nächsten Regenschauer. Spielen Sie mit dem Regen. Er ist ein Segen für uns alle. Spaß ist ein wesentlicher Teil des Frühlings. Also hinein ins Vergnügen – in den Park, in den Zoo, in den Wald. Wie wäre es mit einem Baumhaus?

SCHATZKARTE

Jetzt sind Sie wahrscheinlich glücklich, aber müde. Lassen Sie den Tag gemütlich ausklingen, während Sie eine Schatzkarte basteln. Essen Sie etwas Leichtes zu Abend. Vielleicht ein Glas Wein oder Fruchtsaft dazu? Zünden Sie eine grüne Kerze an und geben Sie feine Öle in die Duftlampe. Nun setzen Sie sich mit einem Stapel Zeitschriften hin und schneiden Bilder aus, die »Ihre Seele« ansprechen: Ihre Idealwohnung, Menschen, die Ihren Traumjob oder einfach Spaß haben. Sie können auch Symbole verwenden.

Sehen Sie sich diese Bilder noch einmal ganz genau an. Was davon wollen Sie WIRKLICH? Vorsicht: Diese Übung hat »Zauberkräfte«. Vieles von dem, was Sie vor sich haben, wird wahr.

Nun ordnen Sie Ihre Auswahl auf einem großen Bogen Papier an, in der Mitte ein Bild von Ihnen und den Menschen, mit denen Sie Ihr Idealleben teilen wollen. Sie können einzelne Affirmationen oder Worte hinzufügen, aber seien Sie nicht zu detailliert.

Nun hängen Sie Ihre Schatzkarte dort auf, wo Sie sie jeden Tag sehen können (idealerweise an Ihrem Essplatz). Dann wird Ihr Unbewusstes damit arbeiten und einen Weg suchen, diese Dinge Wirklichkeit werden zu lassen.

FÜR DIE JAHRESZEITEN

Der Sommer ist da!

Sommer ist Sonne und Spiel! Die berauschende Zeit, in der wir draußen sein können. Die Zeit der Ferien und der Entspannung. Zumindest sollte es so sein. Wenn Ihr Sommer anstrengend ist und das Leben alles andere als »easy«, dann nehmen Sie sich wenigstens dieses Wochenende Zeit, um dem Sommer seine ursprünglichen Qualitäten wiederzugeben. Am besten wäre es, dieses Wochenende zur Sommersonnwende zu planen, aber natürlich ist auch jedes andere Wochenende geeignet.

DAS WIRD GEBRAUCHT:

- *alles fürs Picknick: Speisen (siehe Seite 132), Getränke, Musikinstrumente, Spiele und so weiter*
- *eine helle Decke für Ihren Altar, dazu bunte Kerzen, Party-Utensilien, Fotos etc.*
- *Bachblüte: Ulme (Elm)*

Samstag SICH DEM LICHT ÖFFNEN

Stellen Sie eine Liste der Menschen auf, die Sie am liebsten mögen. Rufen Sie sie an und sagen Sie Ihnen, dass Sie sie mögen und möglichst bald wiedersehen möchten, vielleicht bei einem Picknick am Sonntag?

SOMMERALTAR

Vormittags gestalten Sie Ihren Sommeraltar. Sie feiern hier die Freude – am besten geht das mit verrückten Ideen.

1. Nehmen Sie eine helle Altardecke – ein lebendiges Pink (vielleicht aus Satin?), leuchtendes Rot (je heller, umso besser) oder etwas wild Gemustertes.

2. Kerzen in allen Farben, vor allem aber in Rot.

3. Sommerfrüchte und Blumen – eine Fülle von Farben und Düften. Wenn möglich fügen Sie auch die magischen Mittsommernachtskräuter Beifuss, Eisenkraut, Johanniskraut und Thymian zu.

4. Bilder der Menschen, die Sie mögen; Fotos von Ihren Vorbildern.

5. Spielsachen oder vielleicht ein paar Luftballons. Alles, was in Ihren Augen für Freude und Leben steht.

6. Wenn Ihr Altar noch nicht genügend duftet, geben Sie ein paar Tropfen Ihrer Lieblingsöle in die Duftlampe: Rose oder Geranie zum Beispiel.

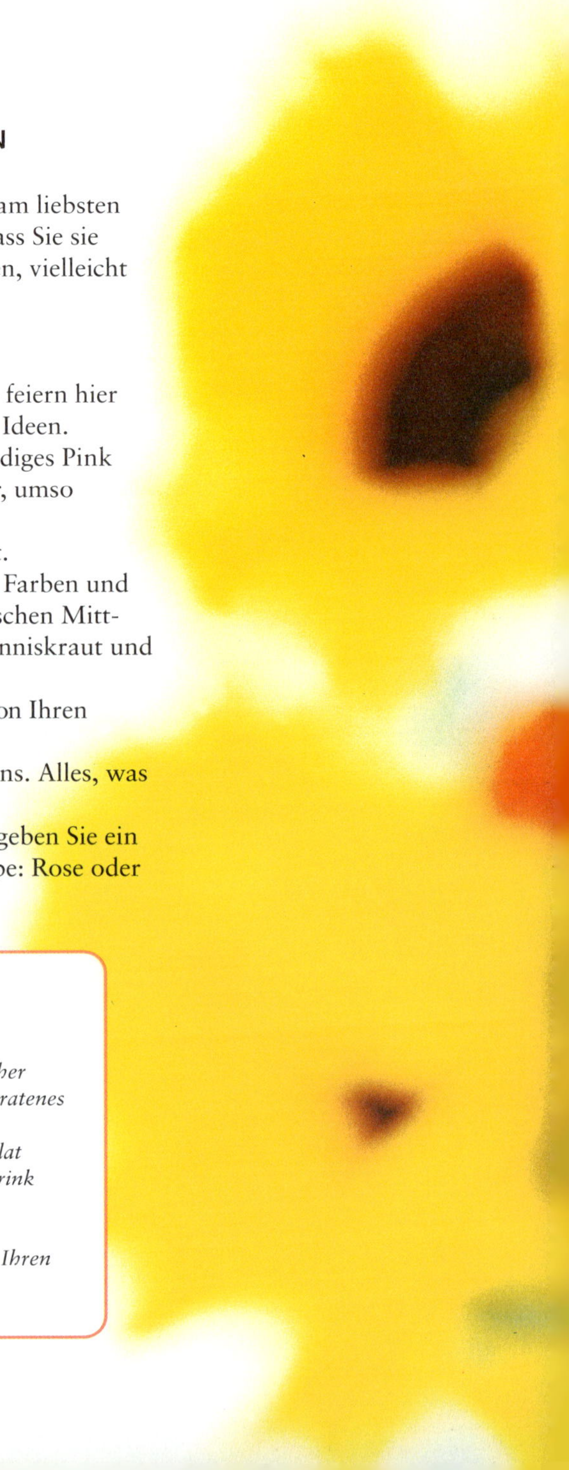

SOMMERLICHE ERNÄHRUNG

Bei heißem Wetter am besten:

✦ *leichte, kühle Speisen*

✦ *frische Salate mit leckeren Dressings; frischer Fisch, gegrilltes oder über offenem Feuer gebratenes Huhn, Gemüsespieße und Couscous*

✦ *Sommerfrüchte: möglichst roh, als Obstsalat oder mit ein wenig Joghurt im Mixer zum Drink gerührt*

✦ *keine salzigen oder fetten Speisen*

✦ *trinken Sie viel Wasser und reduzieren Sie Ihren Alkoholgenuss auf ein Minimum.*

IN KONTAKT MIT DEM KÖRPER KOMMEN

Sommer ist die richtige Zeit, um unseren Körper, unsere Gefühle und deren Zusammenspiel besser kennen zu lernen. Alle Schmerzen, alle körperlichen Probleme können auf rein physischer Ebene erklärt werden, aber normalerweise sagen Sie uns auch, dass die Seele nicht mehr mitspielt. Es lohnt sich, die tiefere Bedeutung körperlicher Signale zu erforschen. Auf dieser Seite finden Sie Hinweise auf häufig vorkommende Probleme, doch befragen Sie ruhig Ihr eigenes Inneres. Sie werden die Antwort vernehmen.

KALTE HÄNDE/FÜßE

Sie unterdrücken Ihre Gefühle, haben Angst, Regeln zu brechen, und den Eindruck, das, was Sie wünschen, nicht zu verdienen. Denken Sie darüber nach. Sprechen Sie darüber.

ROT WERDEN

Sie haben Angst vor dem, was andere denken. Sie sind hin und her gerissen zwischen dem, was Sie möchten, und dem, was andere von Ihnen verlangen. Akzeptieren Sie Ihre Wünsche und Ihre Ängste. Teilen Sie Ihre Befürchtungen offen mit. Erklären Sie, warum Sie rot werden.

STEIFER HALS

Jemand behandelt Sie unfair. Sie sind wütend auf jemand anderen (oder sich selbst). Wer oder was »sitzt Ihnen im Nacken«? Schreiben Sie dieser Person einen ausführlichen Brief – Sie müssen ihn ja nicht abschicken. Sie können sich auch massieren lassen oder vielleicht zum Osteopathen gehen. Das wirkt sofort.

RAUER HALS

Sie sagen nicht, was Sie wirklich fühlen oder denken. Drücken Sie Ihre Gefühle aus: Singen, tanzen, schreien oder knurren Sie. Training fürs Selbstbewusstsein ist für Sie wichtig. Sie können auch Kampfkunst betreiben.

ZYSTEN

Sie ärgern sich, sind wütend und enttäuscht. Wer oder was macht Sie tatsächlich so wütend? Versuchen Sie einmal, Ihre Gefühle auszudrücken. Wenn Sie nicht reden wollen oder können, malen Sie oder schlagen Sie stattdessen auf ein Kissen ein.

SCHMERZEN IM UNTEREN RÜCKEN

Sie sind überlastet, tragen zu viel Verantwortung oder fühlen sich zumindest so. Holen Sie die Freude zurück in Ihr Leben. Geben Sie Verantwortung ab. Nehmen Sie »Ulme«, wenn Sie mit Bachblüten gut arbeiten können.

Sonntag **DAS SUPER-PICKNICK**

Dieser Tag ist dem Picknick gewidmet, das Sie für Ihre Freunde geplant haben (siehe auch Rezept Seite 152). Wählen Sie einen Ort aus, an dem es Wasser gibt: am Meer, am See oder am Flussufer.

Jeder kann zu diesem Picknick kommen (das macht noch mehr Spaß). Nehmen Sie alles mit, was Sie als Kind bei Picknicks geliebt haben: kleine Sandwiches, Kuchen, Pudding. Oder Sie bereiten ein Grillfest vor. Wie wäre es mit Fleisch- und Gemüsespießen? Und dazu noch ein wenig aromatischen Punsch oder die übliche Flasche gekühlten Weißwein.

Vergessen Sie nicht, Sonnencreme und breitkrempige Hüte einzupacken. Vielleicht hat Ihr Picknick ja ein Thema: »Kreolische Schönheit« zum Beispiel oder »Woodstock« oder »Teddybären-Picknick«. Kinder verkleiden sich gerne, warum also nicht auch Erwachsene?

Nehmen Sie Spielsachen mit: Bälle, Schläger, Netz. Aber lassen Sie auch Raum für die Fantasie der Teilnehmer. Und natürlich dürfen Musikinstrumente nicht fehlen.

UND LOS GEHT'S!

Sobald Sie mit den Vorbereitungen fertig sind, überlassen Sie das Picknick sich selbst. Die Leute sollen sich entspannen und Spaß haben. Perfektion ist da Nebensache – sie entsteht ohnehin nur, wenn die Teilnehmer sich gut verstehen. Auch Konflikte kommen immer wieder vor. Der Sommer ist eine Zeit, die alle Emotionen auf die Spitze treibt. Und bei so »heidnischen Riten« wie einem Picknick sind Kämpfe etwas ganz Normales.

Vielleicht sollten Sie ein paar körperbetonte Wettkämpfe auf die Tagesordnung setzen. Teilen Sie die Gruppe in Teams und schicken Sie sie auf Schatzsuche. Oder veranstalten Sie ein Tauziehen. Wechseln Sie sich bei der Kinderaufsicht ab, dann hat jeder etwas vom Picknick.

SONNWENDFEUER

Wenn Sie tagsüber noch kein Feuer gemacht haben, sollten Sie sich das für den Abend vornehmen. Achten Sie darauf, dass sich nichts entzündet und dass Sie Ihre Umwelt nicht stören. Graben Sie ein Loch im Garten. (Den Rasen können Sie später wieder drauflegen.) Oder machen Sie das Feuer am Strand. (Wenn Sie in einer Gegend leben, wo es viele Waldbrände gibt, sollten Sie das offene Feuer aber lieber lassen.)

Setzen Sie sich abends zusammen um das Feuer, um Lieder zu singen und Geschichten zu erzählen. Kinder und Erwachsene können etwas zum Besten geben. Der Sommer ist eine gute Zeit dafür. Erinnern Sie sich, weshalb Sie einander mögen. Reden Sie über gemeinsame Erlebnisse. Denken Sie auch an die Menschen, die nicht dabei sein können.

FÜR DIE JAHRESZEITEN

Den Herbst begrüßen

Der Herbst ist eine Zeit, in der die Natur ihre Kräfte wieder »einsammelt«. Die Erde zieht sich in sich selbst zurück, unter die Oberfläche. Nun sammeln wir, was wir im Winter brauchen werden, und legen ab, was nicht mehr nötig ist. Der Herbst ist eine Zeit, um Klarheit zu gewinnen und Ballast abzuwerfen – körperlich wie seelisch.

DAS WIRD GEBRAUCHT:

- *herbstliche Nahrungsmittel (Seite 138)*
- *ätherische Öle: Patschuli, Zirbelkiefer, Zeder*
- *Platzkarten oder Karton*
- *Müllbeutel oder Schachteln (für alles, was weggeräumt wird)*
- *Kassettenrekorder (wahlweise), Papier und Stifte*
- *Kerzen: gelb und dunkelgrün (wahlweise auch in Orange oder Rot)*
- *eine gelbe Tischdecke (wahlweise)*
- *Ihre persönlichen Altarschmuckstücke*

Samstag DIE FRÜCHTE DER ERDE GENIESSEN

Am Vormittag reinigen Sie Ihr Heim und sortieren alles aus, was Sie nicht mehr brauchen. Öffnen Sie die Haustür und kehren Sie alles Alte, Unwillkommene aus dem Haus. Legen Sie energiegeladene Musik auf, um das Ganze vergnüglicher zu gestalten. Gehen Sie Ihre Lebensmittelvorräte durch und werfen Sie alles weg, was nicht mehr frisch ist. Kräuter und Gewürze verlieren recht bald ihre Würzkraft. Streuen Sie alte Kräuter auf das letzte Grillfeuer oder das erste Laubfeuer im Garten.

Räumen Sie Sommerkleidung und Gartenmöbel weg, aber erst, nachdem Sie alles in Ordnung gebracht haben. Legen Sie alles, was genäht werden muss, auf einen Haufen und erledigen Sie das in der nächsten Woche.

Sehen Sie sich nach Rezepten zur Haltbarmachung von Lebensmitteln um. Natürlich brauchen wir das heute nicht mehr so wie früher, doch Marmeladen, Gelees und Säfte selbst zu machen ist eine gute Möglichkeit, die Energie des Herbstes auszuleben. Nichts ist beruhigender als eine volle Vorratskammer.

ERNÄHRUNG IM HERBST

Bereiten Sie Ihren Körper auf den nahenden Winter vor. Warme, feuchte, ölige Speisen, die Süßes und Saures kombinieren, sind dafür am besten.

- *Gut ist gedämpftes oder leicht gedünstetes Obst (Beeren, Äpfel, Birnen, Rhabarber etc.)*
- *Gemüse sollte in der Pfanne mit wenig Öl unter Rühren gebraten oder ebenfalls gedämpft werden. Gefüllter Kürbis passt zum Herbst.*
- *Bestens eignen sich wärmende Suppen, Eintöpfe, Aufläufe, Brühen. Verwenden Sie dafür Linsen, Hülsenfrüchte, Getreide, Kartoffeln.*
- *Greifen Sie zu natürlichen Süßmitteln wie Honig, Dicksaft, Ahornsirup und Melasse.*
- *Essen Sie möglichst frische Nüsse (Maronen, Haselnüsse, Walnüsse), außer Sie wollen abnehmen.*

HERBSTALTAR

Suchen Sie für Ihren Herbstaltar einen passenden Platz: in der Küche oder am Kamin im Wohnzimmer.

1. Wählen Sie eine Altardecke, die gut zu den reichen Tönen des Herbstes passt: gebrannte Erde, Rostrot, Tiefgelb. Grobes Leinen ist sehr schön, aber sie können auch etwas Heimeligeres verwenden, etwa einen breiten bestickten Schal.

2. Zünden Sie Kerzen an – mehrere gelbe und eine dunkelgrüne. Sie feiern das Wachstum, das sich nun unter die Erde zurückzieht.

3. Legen Sie auf die Decke Dinge, die für den Herbst stehen: ein Ährenbündel, eine Getreidepuppe, ein paar herbstliche Blätter, Nüsse und Samen oder Kürbisse.

4. Geben Sie erdige, warme Düfte in Ihre Aromalampe: Patschuli, Zirbelkiefer, Zeder oder schwarzer Pfeffer.

5. Opfern Sie alles, was Sie aus Ihrem Leben entfernen möchten. Benutzen Sie dazu Fotos oder Bilder. Ihre Wünsche und Ziele halten Sie in einem Brief fest, den Sie auf den Altar legen.

BROT BACKEN

Brot ist etwas Wunderbares. Es ist in höchstem Maße erdverbunden und hat gleichzeitig einen spirituellen Aspekt. Brotbacken verbindet uns mit der Erde, der Energie von Ernte und Herbst. Es ist wunderbar, Brot zu backen, wenn Sie wütend oder ängstlich sind. Teig zu kneten ist die beste Aggressionstherapie überhaupt. Auf Seite 153 finden Sie ein tolles Rezept für ein nussig schmeckendes, köstliches Brot, das gut zur Jahreszeit passt.

Sonntag DANKE SAGEN

Machen Sie einen flotten Spaziergang, egal welches Wetter draußen herrscht. Achten Sie auf die sich verändernde Landschaft. Danken Sie für alles, was Ihnen in diesem Jahr geschehen ist. Der Herbst macht sich bemerkbar, auch wenn Sie in der Stadt leben. Wenn das Spaziergehen Ihnen gefallen hat, warum machen Sie es nicht zur Gewohnheit?

Wenn Ihnen die Kunst des richtigen Atmens noch fremd ist, warum fangen Sie jetzt nicht damit an? (Übungen auf Seite 19, 26, 40 und 87) In der chinesischen Medizin wird der Herbst den Lungen zugeordnet. Helfen Sie Ihrem Körper, Husten und Infekte abzuwenden, indem Sie tief durchatmen.

Dieser Nachmittag ist Ihren wahren Wünschen gewidmet. Machen Sie zu diesem Zweck die Übung zum »inneren Satz« auf Seite 79.

DANKESMAHL

Bereiten Sie ein magisches Mahl zu, um die reiche Ernte und die Nähe Ihrer Lieben zu feiern. Konzentrieren Sie sich während des Essens nur auf positive Dinge.

✦ Das Menü sollte die Farben des Herbstes widerspiegeln: ein goldfarbener Eintopf aus Mais und Kartoffeln; ein deftiger Auflauf aus Gemüse und Getreide; Gemüse in der Pfanne gebraten und mit Nudeln serviert; ein Walnuss- oder Kürbiskuchen; leckere Pfannkuchen mit Ahornsirup.

✦ Nehmen Sie sich Zeit für die Vorbereitungen. Decken Sie den Tisch mit einer gelben Tischdecke, streuen Sie Nüsse, Samen und Getreidehülsen darüber. Zünden Sie gelbe, rote, orangefarbene und dunkelgrüne Kerzen an. In die Mitte der Tafel kommt eine Schale mit Früchten.

✦ Fertigen Sie für alle Teilnehmer Platzkarten, in Form von Blättern vielleicht? Schreiben Sie auf die Rückseite etwas, das Sie an diesem Menschen wirklich lieben. Auf diese Weise danken Sie Ihren Freunden.

✦ Kochen Sie mit Achtsamkeit und Zuneigung. Lassen Sie dabei all Ihre Liebe, all Ihre guten Wünsche in das Mahl einfließen. Bestimmte Kräuter haben magische Kräfte: Rosmarin schützt und macht mutig, Dill verleiht Wohlstand, Salbei Weisheit.

✦ Vor dem Essen danken Sie für das Mahl: mit einem traditionellen Gebet, kurzem Schweigen oder einigen Dankesworten. Vielleicht denken Sie auch an alles, was nötig war, um diese Köstlichkeiten auf Ihren Tisch zu zaubern.

FÜR DIE JAHRESZEITEN

Willkommen, lieber Winter!

Der Winter ist uns häufig gar nicht so willkommen, dabei ist er so wichtig (und bringt auch viel Freude). Zu dieser Zeit richtet unsere Aufmerksamkeit sich nach innen, wo in den Tiefen der Seele (Erde) neue Samen heranreifen. Deshalb geht es bei diesem Wochenende um Ihr innerstes Wesen. Wenn möglich, sollte es um die Wintersonnwende ausgeführt werden.

DAS WIRD GEBRAUCHT:

- *Winterspeisen (Seite 144)*
- *ätherische Öle: Mandarine, Zirbelkiefer, Wacholder*
- *sterilisierte Flaschen*
- *andere Utensilien zum Einwecken (wahlweise)*
- *Kerzen*
- *Tarotkarten*
- *Farben, Papier (wahlweise)*
- *Ihre persönlichen Altarschmuckstücke*

Samstag TRÖSTLICHE WÄRME

Nehmen Sie sich etwas Zeit und denken Sie über Ihr Leben nach. Gefällt es Ihnen, wie es ist? Fragen Sie sich:

✦ Woran glaube ich? Was sind meine Werte? Wenn ich Sie gänzlich umsetzen würde, wie würde mein Leben dann aussehen? Wie würde meine Umwelt darauf reagieren?

✦ Welche Teile meiner selbst verstecke ich, weil ich Angst vor Kritik habe? Was verberge ich sogar vor mir selbst?

✦ Lebe ich, wo ich will? Tue ich, was ich will? Oder beeinflusst jemand anderer diese Entscheidungen?

✦ Was brauche ich, um mich frei zu fühlen?

Dann stehen Sie auf, ziehen sich warm an und frühstücken: herzhaft mit Grießbrei, Haferflocken oder Pfannkuchen mit Ahornsirup und einem Glas frischen Orangensaft als Vitamin-C-Spender. Zum Mittagessen bereiten Sie sich eine dicke Suppe oder einen Eintopf zu: Pastinakencurry, Fischsuppe oder Gulasch sind hier erste Wahl.

EINEN HERD BAUEN

Wenn Sie nirgendwo offenes Feuer haben, sollten Sie einen symbolischen Herd bauen: Ein großer Metallteller mit einer Menge Kerzen ist hier ein guter Ersatz, um das Element Feuer einzubringen.

WINTERSPEISEN

Erkältungen, Fieber und andere Probleme bekämpft man am besten mit herzhafter, doch leicht verdaulicher Nahrung:

✦ *Essen Sie Suppen und Eintöpfe aus Wurzelgemüse.*

✦ *Ein wenig mehr Fleisch ist im Winter gut, vor allem Wild.*

✦ *Grüne Gemüse sind angebracht: Mangold, Lauch, Rosenkohl und Weißkohl.*

✦ *Zwiebel und Knoblauch stärken das Immunsystem.*

✦ *Wärmende Gewürze und Kräuter: Ingwer, Kardamom, Chili, Kreuzkümmel und Koriander.*

✦ *Zum Nachtisch Kompott aus Äpfeln oder Birnen mit Trockenfrüchten oder gebackene Bananen mit Honig.*

WINTERALTAR

✦ Nehmen Sie eine dunkelgrüne oder rote Altardecke (prachtvolle Stoffe wie Samt oder ein Schotten-Muster).
✦ Dazu rote und grüne Kerzen, Mistel- und Tannenzweige.
✦ Setzen Sie ein Potpourri auf den Altar, möglichst mit Gewürzen wie Zimt, Sternanis sowie Tannenzapfen, die Sie zuvor mit ein paar Tropfen Zedern- oder Sandelholzöl in Wasser eingeweicht haben. Auch mit Gewürznelken gespickte Orangen sind schön.
✦ Stellen Sie Bilder Ihrer Familie dazu, auch wenn einzelne Familienmitglieder Sie nerven. Hier geht es um Menschen, die wir brauchen. Wir müssen sie nicht immer mögen.
✦ Platzieren Sie eine Glocke auf dem Altar. Ihr Klang reinigt die Umgebung. Sie ist ein Sonnensymbol und erinnert uns daran, dass der Winter nicht ewig währt.

ZWIEBELSIRUP

Löst den Schleim bei starkem Husten. Ein tolles Hausmittel.

1. *Schneiden Sie 6 Biozwiebeln in grobe Stücke und geben Sie diese ins Wasserbad. Geben Sie 200 ml hellen wilden Honig zu. Decken Sie das Ganze zu und garen Sie es ganz langsam 2 Stunden lang.*

2. *Abgießen und in sterilisierte Flaschen füllen.*

HAGEBUTTENSIRUP ALS KÄLTESCHUTZ

1. *450 g zerquetschte Hagebutten in 900 ml kochendes Wasser geben und nochmals aufkochen lassen. 20 Minuten stehen lassen. Durch ein sauberes Baumwolltuch abseihen. Die Früchte in 300 ml frisches, kochendes Wasser schütten. 20 Minuten stehen lassen und erneut abseihen.*

2. *Beide Säfte mischen und in einen Topf geben. Auf kleiner Flamme auf 600 ml dicken Sirup einkochen und anschließend abkühlen lassen.*

3. *Mit wildem Honig süßen. In sterilisierten Flaschen aufbewahren.*

Sonntag WAS DIE ZUKUNFT BRINGT

Auch heute holen Sie sich draußen Ihre Portion Licht und frische Luft. Machen Sie einen »Gebetsspaziergang« wie die Mönche, die langsam durch ein Labyrinth wandern, um ihren Geist zu konzentrieren. Wenn Sie wirklich Lust auf etwas Neues und einen großen Garten haben, können Sie sich ja ein eigenes Labyrinth anlegen. Lassen Sie ein Stück mit Kies bedecken, den Sie dann entsprechend in Form harken. Doch auch ein einfacher Spaziergang ist hier schon ausreichend.

Nehmen Sie sich eine halbe Stunde Zeit: 5 Minuten lang konzentrieren Sie sich auf Ihr Denken, 15 Minuten lang gehen Sie einfach, die restliche Zeit überlegen Sie, was Sie in den letzten Minuten erfahren haben. Gehen Sie ruhig, aber nicht zu langsam. Denken Sie dabei über eine religiöse Schrift nach, sagen Sie ein Mantra oder wiederholen Sie ein für Sie bedeutsames Wort: »Hoffnung« oder »Frieden«.

DIE ENTHÜLLUNGEN DES TAROT

Winter ist die ideale Zeit für die Schau in die Zukunft. Wenn Sie noch nie mit Tarotkarten gearbeitet haben, dann beginnen Sie jetzt. Tarotkarten zeigen universelle Erfahrungen des Lebens, von der Unschuld der Geburt über Liebe und Arbeit zu Alter und Weisheit.

Die Tarotkarten werden Ihnen niemals sagen, was geschehen wird, nur was am wahrscheinlichsten ist angesichts der Tatsache, dass Sie zum Zeitpunkt des Tarot-Legens einer ganz bestimmten Lebenssituation mit einer ebenso bestimmten Geisteshaltung begegnen. Doch wir sind mit freiem Willen begabt und können uns daher für eine Form des Lebens entscheiden. Das Tarot warnt uns nur und macht uns auf Schwierigkeiten aufmerksam. Suchen Sie sich ein Kartenspiel aus, das Sie anspricht. Für Anfänger ist das Rider-Waite-Tarot gut geeignet, da jede Karte eine figürliche Darstellung zeigt. Machen Sie sich die Mühe, Ihre Karten kennen zu lernen. Welche ziehen Sie an, welche finden Sie schrecklich? Menschen, die Beziehungsprobleme haben, können vielleicht mit den »Liebenden« wenig anfangen. Andere, die Probleme mit Autorität haben, mögen den »Herrscher« nicht. Allein diese Reaktionen können uns bereits tiefe Einsichten vermitteln.

Auch die Praxis der »Tageskarten« (siehe unten) ist ein prima Einstieg.

EIN ENTSPANNENDES BAD

Nehmen Sie ein Bad, bevor Sie zu Bett gehen. Geben Sie je 2 Tropfen Zirbelkiefer- und Wacholderöl in eine Tasse Milch und gießen Sie die Mischung ins Badewasser.

DIE TAGESKARTE

✦ *Setzen Sie sich ruhig hin. Atmen Sie ruhig und gleichmäßig. Lassen Sie alle Ablenkung von sich abfallen.*

✦ *Mischen Sie Ihre Tarotkarten nun langsam und bewusst. Wenn Sie so weit sind, legen Sie den Stapel vor sich hin. Teilen Sie dann die Karten mit Ihrer linken Hand in drei Stapel auf, die Sie nach links auslegen und dann von links nach rechts aufeinander legen.*

✦ *Drehen Sie jetzt die oberste Karte um. Sie zeigt Ihnen, was für ein Tag vor Ihnen liegt. Achten Sie dabei auf Name, Farben und Darstellungen. Schlagen Sie die Bedeutung der Karte nach. Sehen Sie eine Verbindung zu Ihrer augenblicklichen Situation?*

Sonnengruß

Der Sonnengruß besteht aus einer Serie von Yoga-Übungen, die Ihren Körper (und Geist) mit neuer Energie füllen. Sprechen Sie die Anleitung auf Band und hören Sie sie während der Übung ab, bis Sie damit vollkommen vertraut sind.

1. Stehen Sie aufrecht, die Füße nebeneinander. Entspannen Sie die Schultern, ziehen Sie das Kinn leicht an. Sehen Sie nach vorn. Legen Sie die Hände vor der Brust zusammen, als würden Sie beten. Atmen Sie lange aus.

10. Atmen Sie ein und kehren Sie in Position 1 zurück. Atmen Sie aus und legen Sie die Hände zusammen wie im Gebet.

8. Atmen Sie ein und kehren Sie zu Position 4 zurück. Diesmal strecken Sie den linken Fuß nach hinten. Beide Füße liegen dabei auf dem Boden auf.

9. Atmen Sie aus und kehren Sie in Position 3 zurück.

2. Atmen Sie tief und langsam ein, während Sie die Arme über Ihren Kopf heben. Die Handflächen bleiben aneinander. Am Ende des Atemzugs sehen Sie zu Ihren Daumen nach oben. Spannen Sie die Oberschenkel an, um auch die Kniescheibe anzuheben. Strecken Sie Ihren ganzen Körper, ohne zu übertreiben.

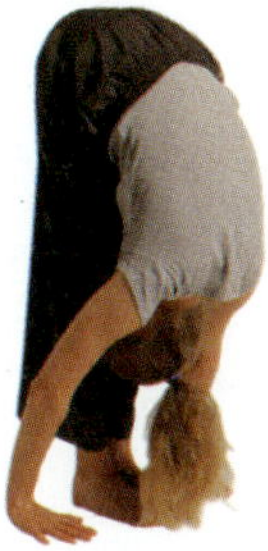

3. Atmen Sie aus und beugen Sie sich nach vorn, bis Ihre Hände neben den Füßen zu liegen kommen. Wenn nötig, beugen Sie die Knie. Nach einer gewissen Zeit der Übung sollten Sie diese Position auch mit durchgedrückten Knien halten können.

4. Atmen Sie ein und strecken Sie das rechte Bein nach hinten. Hände und linker Fuß bleiben dabei auf dem Boden. Halten Sie den Kopf hoch, um Ihren Rücken zu strecken.

5. Atmen Sie aus, strecken Sie auch den linken Fuß nach hinten. Stützen Sie sich auf Ihre Hände (in Schulterbreite). Ihr Rücken bildet mit Ihrem Kopf und Ihren Beinen eine Linie. Atmen Sie ein.

6. Atmen Sie aus und lassen Sie sich auf den Fußboden hinab. Versuchen Sie, Bauchdecke und Nase in der Luft zu halten, so dass nur Hände, Füße, Knie, Brustkorb und Stirn den Boden berühren. Wenn das nicht geht, keine Sorge! Behalten Sie das Ziel nur im Hinterkopf.

7. Atmen Sie ein und strecken Sie den Oberkörper zur Kobrastellung. Lehnen Sie sich so weit zurück, wie Sie können, ohne dies als unangenehm zu empfinden. Sehen Sie nach oben und atmen Sie aus.

Der Mondgruß

Der Mondgruß besteht ebenfalls aus einer Reihe von Yoga-Übungen. Er dient hauptsächlich der Entspannung. Sie brauchen dazu etwa fünf Minuten Zeit. Danach sind Sie ruhig und ausgeglichen und können Ihren Abend genießen, ganz egal, was auf Sie wartet.

1. Stehen Sie aufrecht, die Knie in Schulterbreite leicht gebeugt. Die Arme hängen locker herab. Ihr Kopf sitzt leicht auf der Wirbelsäule. Stellen Sie sich vor, eine Schnur am Scheitelpunkt hält Sie völlig gerade.

10. Nun gehen Sie die ganze Übungsreihe noch einmal in umgekehrter Reihenfolge durch, bis Sie bei Position 1 angelangt sind. Falten Sie die Hände wie im Gebet. Diese Stellung nennt man Namaskarasana.

9. Atmen Sie langsam ein und rutschen Sie mit dem Oberkörper nach vorn. Stützen Sie sich auf den Armen ab und heben Sie so den Oberkörper an. Nehmen Sie die Kobrastellung ein.

8. Atmen Sie langsam aus. Arme und Oberkörper wandern nach vorn. Setzen Sie sich auf die Fersen. Die Arme sind ausgestreckt, der Kopf ruht auf dem Boden (Schildkrötenstellung).

3. Atmen Sie aus, führen Sie die Arme langsam nach vorn. Beugen Sie bei durchgedrückten Knien den Oberkörper nach vorn. Berühren Sie den Boden mit den Handflächen.

2. Atmen Sie langsam ein und strecken Sie dabei die Arme über den Kopf. Beugen Sie Oberkörper und Kopf zurück, bis es Ihnen unangenehm zu werden beginnt.

4. Atmen Sie langsam ein, beugen Sie die Knie und gehen Sie in die Hocke. Atmen Sie aus.

7. Atmen Sie langsam ein und strecken Sie den rechten Fuß aus. Auf den Knien erheben Sie sich und strecken die Arme über den Kopf. Strecken Sie den Oberkörper so weit wie möglich zurück. Dies ist die Halbmondstellung.

5. Atmen Sie langsam ein. Strecken Sie den linken Fuß nach hinten, das Knie berührt den Boden. Heben Sie die Arme über den Kopf und beugen Sie den Oberkörper nach hinten zur Fahnenstellung.

6. Atmen Sie langsam aus, setzen Sie die Handflächen auf den Boden. Beugen Sie Ihren Körper so weit wie möglich nach vorn.

Rezepte

MAROKKANISCHES HUHN

(4 Personen)

4 Hühnchenbrüste
2 Zwiebeln, fein gehackt
1 Teelöffel frischer Ingwer (gehackt) oder 1 Teelöffel gemahlener Ingwer
Salz und schwarzer Pfeffer zum Abschmecken
500 g saure Speiseäpfel (z. B. Granny Smith), geschält, entkernt und in Scheiben geschnitten. Wahlweise stattdessen Birnen, Pflaumen, frische Datteln und Rosinen.
2 Esslöffel frisch gehackte Petersilie
1 Teelöffel Butter nach Wahl

Huhn, Zwiebeln und Petersilie in eine Kasserolle füllen und mit Wasser bedecken. Butter (wahlweise), Ingwer und Gewürze zugeben.

Zum Kochen bringen, Deckel auflegen und köcheln lassen, bis das Huhn weich ist und die Zwiebeln zu einer sämigen Sauce verkocht sind. Das dauert zwischen 40 und 60 Minuten. Äpfel zugeben und köcheln lassen, bis sie weich sind, aber noch nicht zerfallen.

Mit Vollreis, Couscous oder Brot servieren.

SPAGHETTI-ROMANZE

(2 Personen)

150 g schwarze Spaghetti
1 Esslöffel Olivenöl
2 Knoblauchzehen, fein gehackt
350 g Eiertomaten, enthäutet und gehackt
½ Teelöffel Zucker
150 g geschälte Krabben
12 Venusmuscheln in der Schale
150 g Lachsfilet in Scheiben
1 mittelgroßer Tintenfisch, in Ringe geschnitten
Basilikum, fein gehackt

Knoblauch im Olivenöl kurz anbraten, Tomaten zugeben. 5–10 Minuten dünsten lassen. Muscheln 4 Minuten kochen (nicht geöffnete aussortieren). Fisch und Meeresfrüchte zugeben und nochmals 2–4 Minuten lang garen. Dann beides in die Tomatensauce rühren. Mit Salz und Pfeffer abschmecken. Spaghetti nach Anleitung kochen, unter die Sauce heben. Das Ganze mit frischem Basilikum bestreuen.

SOMMERPICKNICK

(6 Personen)

Hühnchenmarinade
400 ml Joghurt
1 Esslöffel Koriandergrün, gehackt
1 Prise Chilipulver
1 Teelöffel Kreuzkümmel, gemahlen
1 Teelöffel Garam Masala

Gut durchmischen und über 6 Hühnchenbrüste gießen. 2–3 Stunden im Kühlschrank durchziehen lassen. Danach grillen, bis das Fleisch goldgelb wird.

Kichererbsen-Feta-Salat
480 g gekochte Kichererbsen
180 g Feta-Käse aus Schafmilch
1 Hand voll glatte Petersilie, fein gehackt
400 g frische Tomaten in Scheiben
Dressing (3 Teile Olivenöl, 1 Teil Zitronensaft)
Salz und Pfeffer zum Abschmecken

Salatzutaten vermischen und mit dem Hühnchenfleisch in einem Pittabrot servieren.

ENERGY-FISCH

(2 Personen)

2 mittelgroße Makrelen
1 Fenchel in dünnen Scheiben
1 rosa Grapefruit
1 Gurke, leicht gesalzen in dünnen Scheiben
1 Hand voll schwarze Oliven
Salz und Pfeffer zum Abschmecken

Die Makrelen vom Fischhändler ausnehmen lassen. Am besten sind sie, wenn sie in den letzten 24–36 Stunden gefangen wurden. Die Regenbogenfarben der Haut sollten noch erkennbar sein.

Die Haut mit etwas Salz bestreuen, bevor der Fisch auf den Grill kommt. Bei starker Hitze 5–8 Minuten auf jeder Seite grillen.

Mit Gurkensalat und einem Salat aus Fenchelscheiben und rosa Grapefruitfilets servieren. Angemacht werden die Salate mit schwarzen Oliven, Grapefruitsaft, Salz und Pfeffer.

FRUCHTSALAT ZUM ENTGIFTEN
(2 Personen)

500 g Aprikosen
250 g Himbeeren
250 g Heidelbeeren
ein paar grüne Kardamomsamen
400 ml Joghurt

Aprikosen in Scheiben schneiden und mit den Beeren mischen. Kardamomsamen aus der Hülse lösen, mit dem Joghurt verrühren und über das Obst gießen.

Variante: Statt Aprikosen können Sie auch frische Feigen bzw. Pfirsiche nehmen. Dazu schwarze Johannisbeeren, Brombeeren, Pflaumen, Mangos oder – falls erhältlich – sogar Maulbeeren.

DOSA-PFANNKUCHEN
(4 Personen)

1 Tasse Maismehl
1 Tasse Reismehl
1–3 Tassen frisch abgekochtes Wasser (warm)
1 große Prise Meersalz
½ Teelöffel Olivenöl oder Ghee

Mehl mit Wasser und Salz vermischen. Sie müssen das Ganze jedoch nicht verquirlen. Bedecken und über Nacht stehen lassen.

Das Fett in eine beschichtete Pfanne geben und erhitzen. Ein wenig von dem Teig hineingeben, mit der Rückseite eines Löffels spiralförmig verstreichen, bis der Pfannkuchen 10–15 cm im Durchmesser hat. Bräunen lassen, dann wenden. Warm halten, während Sie den Rest der Dosas backen.

Korianderchutney
Die Pfannkuchen mit einem Chutney aus frisch gehackten Korianderblättern, Kokosnussraspeln und ein wenig gehackter Minze in Joghurt servieren.

MASALA-KARTOFFELN
(4 Personen)

4 vorgekochte Kartoffeln in Würfeln
2 Esslöffel Öl
50 ml Wasser
¼ Teelöffel Kurkuma
1 Teelöffel Currypulver
1 Teelöffel Zwiebelsamen
1 Tomate, gehackt
Knoblauch, Chili, Kreuzkümmel, frisch gehacktes Koriandergrün
Zitronensaft (nach Wahl)
1 Teelöffel Meersalz

Öl erhitzen, Zwiebelsamen, Tomaten, Knoblauch, Ingwer, Chili, Kreuzkümmel und Korianderblätter darin anbraten.

Die Hitze reduzieren und 3 Minuten kochen lassen. Kartoffeln, Zitronensaft, Salz und Wasser zugeben. Zusammen 15 Minuten kochen lassen, bis die Kartoffeln ganz weich sind.

Als eigenständige Mahlzeit servieren oder in einen Dosa-Pfannkuchen füllen, um Masala Dosa auf den Tisch zu bringen.

BROT BACKEN
1 kg Essener Mehl
1 Hand voll Hefe
⅔ Liter warmes Wasser
1 Teelöffel Zucker
½ Esslöffel Meersalz
2 Esslöffel Olivenöl

Hefe, 1 Teelöffel Zucker und ein wenig warmes Wasser in einer Schale verrühren. Gehen lassen, bis die Hefe Blasen wirft. Ofen vorheizen: 180 Grad oder Gas Stufe 6.

Das Mehl in eine Schüssel geben und mit dem Meersalz verrühren. Mit Olivenöl und warmem Wasser verkneten.

Die Hefemischung über den Teig geben und verkneten.

Das Brot 10 Minuten lang an einem warmen Ort gehen lassen. Eine Rolle formen und kleine Stücke davon abnehmen, um Brötchen zuzubereiten. Auf ein Blech setzen und im vorgeheizten Ofen 20–24 Minuten backen. Herausnehmen und auf die Unterseite klopfen. Ist das Geräusch hohl, sind die Brötchen fertig.

Nun müssen Sie Ihre Brötchen nur noch mit einer herzhaften Suppe zum Abendessen verspeisen.

Nützliche Adressen

Bitte legen Sie einen an sich selbst adressierten und ausreichend frankierten Briefumschlag bei, wenn Sie an eine der folgenden Organisationen schreiben, und informieren Sie sich, wenn es Ihnen möglich ist, zuvor im Internet.

DEUTSCHLAND

Deutsche Gesellschaft für Akupunktur und Neuraltherapie e.V.
Mühlweg 11
07 929 Saalburg-Ebersdorf
Tel.: 03 66 51/5 50 75
Fax.: 03 66 51/5 50 74
www.dgfan.de

Therapeutengemeinschaft für medizinisches Qigong
c/o Jörg Frankenberger
Ihnestrasse 41
14 195 Berlin
Tel.: 0 30/8 32 80 67
Fax: 0 30/84 10 75 58
www.qi-net.de

Deutscher Tai Chi Bund – Dachverband für Tai Chi und Qigong e. V.
c/o Dr. Stephan Langhoff
Am Elisabethgehölz 12
20 535 Hamburg
Tel. und Fax: 0 40/2 10 21 23
www.tai-chi-verband.de

Tajiquan und Qigong Netzwerk Deutschland e.V.
Bleichenstr. 7
30 169 Hannover
Tel.: 05 11/1 69 17 67
Fax: 05 11/2 35 85 36
www.netzwerk.linc.de

Deutsche Gesellschaft für Alternative Medizin
DGAM-Servicebüro
Großer Garten 4
30 938 Burgwedel
Tel.: 0 51 39/27 81 01
Fax: 0 51 39/27 81 02
www.dgfam.de

Deutsche Gesellschaft für Ernährung e. V.
Godesberger Allee 18
53 175 Bonn
Tel.: 02 28/3 77 66 00
Fax: 02 28/3 77 68 00
www.dge.de

Institut für angewandte Aromatherapie e.V.
Schilfweg 7
67141 Neuhofen
Tel.: 0 62 36/39 96 32
Fax: 0 62 36/39 69 36
www.insfaa.de

Deutsche Gesellschaft für Klassische Homöopathie e. V.
Saubsdorfer Str. 9
86 807 Buchloe
Tel.: 0 82 41/91 16 80
Fax: 0 82 41/91 17 02
www.dgkh-homoeopathie.de

ÖSTERREICH

Österreichische Qigong Gesellschaft
Postfach 128
1120 Wien
Tel.: 06 64/6 30 30 81 oder
06 99/18 30 30 81
www.qigonggesellschaft.at

Österreichische Gesellschaft für Ernährung
Zaunergasse 1-3 (Palais Fanto)
1030 Wien
Tel. : 01/7 14 71 93
Fax: 01/7 18 61 46
www.oege.at

Österreichische Wissenschaftliche Ärztegesellschaft für Akupunktur
Schwindgasse 3/9
1040 Wien
Tel.: 01/5 05 03 92
Fax.: 01/5 04 15 02
www.akupunktur.org

Österreichische Gesellschaft für Akupunktur
Kaiserin Elisabeth-Spital
Huglgasse 1–3
1150 Wien
Tel.: 01/9 81 04 57 58
Fax: 01/9 81 04 57 59
www.akupunktur.at

Österreichische Gesellschaft für homöopathische Medizin
Mariahilferstr. 110
1070 Wien
Tel.: 01/5 26 75 75
Fax: 01/52 67 57 54
www.homoeopathie.at

Gesellschaft für Alternative Medizin
Schubertgasse 22
1090 Wien
Tel.und Fax: 01/3 19 65 54
www.gam.at

SCHWEIZ

Schweizerische Vereinigung für Ernährung
Effingerstr. 2
Postfach 8333
3001 Bern
Tel.: 0 31/3 85 00 00
Fax: 0 31/3 85 00 05
www.svw.org

Schweizerische Yoga Gesellschaft
Aarbergergasse 21
3011 Bern
Tel.: 0 31/3 11 07 17
Fax.: 0 31/3 11 07 11
www.yoga.ch.

Schweizerische Gesellschaft für Qigong und Taijiquan
Bündtenstrasse 23
4703 Kestenholz
Tel.: 0 62/3 93 31 77
Fax: 0 62/3 93 01 71
www.sgqt.ch

Schweizerische Homöopathie Gesellschaft
SHG/ SGKH
Postfach 1050
8134 Adliswil
www.homoeopathie.org

Schweizerische Ärztegesellschaft für Aurikolomedizin und Akupunktur
Postfach 176
8575 Bürglen
Tel.: 0 71/6 34 66 19
Fax: 0 71/6 34 66 18
www.akupunktur-tcm.ch

Bücher zum Weiterlesen aus dem Gondrom Verlag

ERNÄHRUNG

Alles in Balance! Die vitale Säure-Basen-Küche, 2004

Bohlmann, Friedrich: Fruchtig-frische Muntermacher. Smoothies & Shakes & Säfte, 2004

Bohlmann, Friedrich: Iss dich gesund, 2004

Bohlmann, Friedrich: Pausen-Gourmet. Low Fat im Job, 2004

Fahrnow, Ilse Maria / Jürgen Heinrich Fahrnow / Günther Sator: Mit Yin & Yang im Gleichgewicht. Die 5-Elemente-Küche, 2004

Ilies, Angelika: Mit Genuss entschlacken. Rezepte für Schwung und Vitalität, 2004

Szwillus, Marlisa: Schlemmen Sie sich glücklich. Leckereien für Ihr Wohlbefinden, 2004

KÖRPERBEWUSSTSEIN

Everett, Jill: Yoga und Pilates, 2004

Gallagher-Mundy, Chrissie: Stretching, 2005

Langen, Dietrich: Autogenes Training, 2001

Oberlack, Helmut: Tai Chi, 2002

Schwarze, Micheline: Qigong, 2004

Werner, Monica: Aroma-Massagen, 2004

GESUNDHEIT

Alber-Klein, Cordelia / Regina Hornberger: Bach-Blüten und neue Blütenessenzen für Frauen, 2004

Hirschsteiner, Tanja: Die besten Haus- und Naturheilmittel, 2004

Lackinger-Karger, Ingeborg: Das Wohlfühl- und Gesundheitsbuch für Frauen, 2004

Oberlack, Helmut: Tai Chi, 2001

Schmiedel, Volker / Matthias Augustin: Das große Praxisbuch der Naturheilkunde, 2004

Schneider, Avril: Homöopathie für Frauen. Beschwerden und Behandlung von A – Z, 2005.

Schwarze, Micheline: Qigong, 2004

Wagner, Franz: Akupressur, 2004

Zauner, Renate: Rückenschule, 2002

LEBENSHILFE

Meygen, Peter: Die Weisheit des Tarot. Legemuster und Kartendeutungen nach A.E. Waite, 2004

Sieck, Annerose und Jörg-Rüdiger: Work-Life-Balance, 2004

WELLNESS

Alexander, Jane: 5-Minuten-Wellness, 2004

Atkinson, Mary: Hand- und Fußmassage, 2005

Floyd, Esme / Paul Wills: Körpermassage, 2005

MacEoin, Beth: Stress-Pause, 2004

Mulchandani, Sandhya: Kamasutra für Frauen, 2004

Rüdiger, Margit: Strahlend schön, 2004

Schwarz, Aljoscha, und Ronald Schweppe: Licht für die Seele, 2004

Wagner, Franz: Reflexzonenmassage, 2004

Register